KB057939

피해자·피고소인·피의자·목격자·참고인 진술서 지침서

경찰서
진술서
작성방법

편저 : 대한법률콘텐츠연구회

(콘텐츠 제공)

해설 · 최신서식 · 사례

법문북스

머 리 말

형사사건의 사건관계자가 수사기관에 출석하여 제출하는 자필이나 컴퓨터에서 워드나 한글파일로 작성한 진술서는 증거에 해당합니다. 신뢰할 수 있는 사건관계의 진술서는 사실인정에 도움이 됩니다.

판례에서도 사실인정에 이를 수 있게 해준 핵심 증거의 대부분은 구두진술이나 사건관계인이 제출한 진술서는 진술증거라고 밝히고 있습니다.

수사과정에서 경찰조사 전후 사건관계인이 제출하는 진술서는 형사소송절차상 실체적 진실을 발견하는데 중요한 가치를 가집니다. 진술증거는 보통 수사를 담당하는 조사담당자의 면전에서 조사담당자가 사건에 대해 진술인에게 물으면 진술인이 대답하는 식으로 이루어지지만 때로는 사건관계인이 자필이나 컴퓨터에서 워드나 한글파일로 직접 사건에 대해 진술서를 작성해 경찰조사 전후로 하여 제출하기도 합니다.

진술서의 작성은 법적으로 강제력은 없습니다.

수사를 담당하는 조사담당자는 사건의 내용이 복잡하거나 진술의 번복으로 인한 임의성이 문제될 수 있는 경우 진술인으로 하여금 자필로 작성하거나 컴퓨터에서 워드나 한글파일로 진술서를 작성해 제출해 달라고 요구하는 경우도 많습니다.

누구든지 경찰에서 조사와 관련하여 출석요구를 받으면 대부분의 피고소인이나 피의자는 아무런 진술준비를 하지 않은 채 출석하여 조사를 받는 분들이 많아졌습니다. 경찰에서 출석요구를 받으면 최소한 출석일자를 뒤로 미루고 바로 그 조사담당자 소속 경찰서의 종합민원실로 가서 정보공개청구를 하여 고소장의 사본을 교부받아 범죄사실을 면밀히 검토하고 그에 따른 진술하여야 할 내용과 증거자료를 철저히 준비하여 출석하는 분들도 실수를 많이 하는 편입니다.

조사과정에서는 범죄사실을 검토하지 않은 채 아무런 진술의 준비를 하지 않고 출석할 경우 범죄혐의의 증명에 확신이 없는 상태에서 지긋지긋한 조사실에서 빨리 벗어나야겠다는 생각만으로 짐작이나 추측에 따라 진술하게 되면 걷잡을 수 없는 결과가 생길 수 있습니다.

진술이라는 것은 진술을 마치고 수사기관을 빠져나오는 그 순간부터 잘못된 진술에 대하여 후회가 막심합니다.

경험이 있고 없고를 떠나 수사를 담당하는 조사담당자의 면전에서 조사담당자가 사건에 대해 묻고 진술자가 답하는 과정에서는 조사담당자와 진술자 사이의 상호작용에 의하여 기억왜곡으로 엉뚱한 진술을 할 수도 있고 불리한 진술인지도 모르고 사실과 전혀 다른 불리한 진술을 할 수밖에 없습니다.

경찰서의 조사는 수사를 담당하는 조사담당자가 사건의 내용을 충분히 검토하고 관계법령을 연구하여 조사할 초점이 무엇인가를 명확하게 파악하고 고소인이나 피고소인에게 조사할 질문의 순서와 방법을 메모지에 요약하여 조사하기 때문에 사건관계자가 진술함에 있어 쓸데없는 진술을 하고 범죄혐의를 입증하지 못하는 경우가 흔히 있는 일입니다.

조사과정에서 수사를 담당하는 조사담당자는 고소인에게 하는 질문은 될 수 있는 한 짧게 합니다. 그 대신 고소인으로 하여금 많은 진술을 하도록 하여 그에 대한 모순점을 발견하기 때문에 사건관계자는 정말 조심해야 합니다. 되도록 많은 진술을 하게 하고 사건관계자가 진술을 번복하는 때에는 그 피해 입은 내용을 다시 캐묻고 조서에 기록을 남기기 때문에 불리하게 작용할 수 있습니다.

사건관계인이 진술을 앞두고 있거나 고소진술 후 사실관계나 피해 입은 범죄사실을 진술하는 과정에서 사실관계를 잘못 이해하고 잘못 진술한 부분이 있으면 수사를 담당하는 조사담당자가 마음먹고 조사 진행을 하고 그 결과를 달리 볼 수 있고 뒤집을 수 있으므로 즉시 사건관계인은 진술서를 자필이나 컴퓨터에서 워드나 한글파일로 작성하여 잘못된 그 진술을 바로 잡아야 합니다.

앞뒤가 모순되는 일이 없고 일관성이 있도록 진술을 잘 받아야 합니다.

동일성이 인정되는 범위 내에서 사실관계를 잘못 알고 진술한 부분을 바로 잡거나 스스로 진술인의 의사, 사상, 사실관계 등이나 범죄사실과 관련하여 조사 과정에서 진술한 내용을 추가적으로 기재하여 그 사법경찰관 소속 관서의 장(경찰서장)에게 제출하면 사법경찰관이 작성한 진술조서와 같은 증거기치가 있으로 자필이나 컴퓨터에서 워드나 한글파일로 진술서를 최대한 활용하는 것이 효과적입니다.

우리 법문북스에서는 경찰에서 수사를 담당하는 조사담당자의 면전에서 조사담당자가 사건에 대해 진술인에게 묻고 진술자가 대답하는 과정에서는 진술인의 기억이 왜곡될 수 있고 정보가 왜곡될 가능성이 있기 때문에 이러한 폐단을 없애고 유리한 진술을 하기 위해서는 경찰에 출석하여 조사를 받기 전에 미리 진술하고자 하는 예정된 진술내용을 진술서에 모두 기재하여 제출하고 그 진술을 빠짐없이 작성하여야 언제든지 생길 수 있는 실수를 줄일 수 있고 유리한 진술을 체계적으로 할 수 있으므로 누구나 진술서를 쉽게 작성할 수 있도록 수록한 실무 지침서를 권장해 드립니다.

- 법문북스 -

차 례

본 문

최 신 서 식

본문

제1장 경찰조사

　범죄가 발생하여 피해자의 범죄 신고나 고소 또는 고발이 들어오면 경찰은 먼저 범죄의 피해자를 상대로 고소진술을 받으면서 피해사실을 파악한 다음 피고소인 또는 피의자를 상대로 그 피해사실에 대한 신문을 하거나 증거조사 등의 방법으로 수사를 진행합니다.

　그러므로 경찰이 사건의 내용과 범죄사실을 명확히 알기 위하여 자세히 살펴보거나 찾아보는 것이 '경찰조사' 입니다.

제2장 신문조서

형사소송법 제196조에 따르면 사법경찰관은 범죄의 혐의점이 보이면 해당 증거에 대해 수사를 개시하여야 한다. 라고 규정하고 있습니다.

한편 형사소송법은 증거재판주의를 채택하고 있습니다. 증거재판주의는 증거에 의하여 사실인정이 이루어져야 한다는 원칙을 의미합니다.

피의자신문에 관한 규정인 형사소송법 제241조, 제242조, 제243조, 제243조의 2에 의하면 피의자신문규정에 따라 피의자신문조서를 작성하지 않으면 적법절차를 준수했다고는 볼 수 없고 신문 과정에서 얻은 정보의 증거능력이 부정될 수 있으며 진술서 등의 서면 증거 역시 증거능력이 부정될 수 있습니다.

신문조서는 피해자든 피의자든 수사를 담당하는 조사담당자의 면전에서 조사담당자가 사건에 관하여 묻고 진술자가 답하는 형식으로 작성되는 서류인 진술조서를 말합니다.

조사가 진행된 후 조사가 끝나면 문답이 적힌 출력된 종이에 진술인이 서명, 날인, 간인하여 만들어진 신문조서를 '수사서류' 라고 할 수 있습니다. 형사소송법은 신문조서를 증거방법으로 삼고 있습니다.

제3장 진술서

진술서는 자기의 의사, 사상, 관념 및 사실관계를 기재한 서면을 말하는데 이를 실무에서는 '자술서'라고도 부릅니다.

진술서에 대한 종류를 나누는 방법은 다양합니다.

진술서는 작성하는 주체에 따라 피해자가 작성하는 진술서, 피고소인이 작성하는 진술서, 피의자가 작성하는 진술서, 목격자가 작성하는 진술서, 참고인이 작성하는 진술서로 나눌 수 있습니다.

진술서는 작성 시기에 따라 공판심리 중 작성하는 진술서, 검사나 사법경찰관이 수사과정에서 작성된 진술서 등으로 나눌 수 있고, 수사과정에서의 진술기록 방법은 수사를 담당하는 조사담당자가 묻고 답하는 형식으로 작성된 서류인 진술조서, 그리고 진술을 기재한 수사보고서, 영상녹화 등의 방법이 진술서에 포함됩니다.

경찰조사를 받기 전에 사건관계인 즉 피해자, 피고소인, 피의자, 목격자, 참고인 등이 자필로 진술서를 작성하거나 아니면 컴퓨터에서 워드 또는 한글파일로 직접 사건에 대한 내용을 적는 진술서와 진술인의 구두진술을 녹취하여 기록하는 진술서를 보통 '자술서'라고도 부릅니다.

진술서는 경찰의 조사 전에 피해자, 피고소인, 피의자, 목격자, 참고인 등이 스스로 자기의 의사, 사상, 관념 및 사실관계 등을 작성한 서면을 말합니다. 진술서는 작성하는 주체가 수사를 담당하는 조사담당자가 아닌 피해자(고소인), 피고소인, 피의자, 목격자, 참고인이라는 점에서 수사를 담당하는 조사담당자가 진술인에게 묻고 진술자가 답하는 형식으로 작성하는 진술조서와는 구별됩니다.

경찰 수사단계나 검찰 수사단계에서 자필이나 컴퓨터에서 워드로 작성하는 진술서, 즉 자술서는 사건 해결에 있어 여러 중요성을 가집니다. 이러한 진술서는 경찰조사에서 발생할 수 있는 진술 왜곡 가능성과 정보왜곡 가능성을 없애는 역할을 할 수 있습니다.

경찰에서 조사담당자(사법경찰관이나 사법경찰관리)의 면전에서 조사담당자가 사건에 대해 묻고 진술자가 이에 대한 답을 하는 형식의 진술조서 즉 신문조서에는 조사담당자와 진술자 사이의 상호작용에서 흔히 발생할 수 있는 왜곡 가능성을 내포하고 있습니다.

진술서는 진술자 외 그 누구의 개입 없이 자필이나 컴퓨터에서 워드 또는 한글 파일로 직접 사건에 대한 기억을 서술할 수 있으므로 진술왜곡의 가능성을 얼마든지 낮출 수 있습니다.

그러므로 수사를 담당하는 조사담당자는 경찰조사 전에 진술서를 제출받으면 향후 수사방향 설정에 필요한 정보를 미리 수집할 수 있고 불필요한 수사과정을 제거하고 신속한 수사진행이 가능해지므로 경찰조사 전에 사건관계인이 제출하는 진술서는 매우 중요한 역할을 합니다.

제4장 작성방법

형사소송법 제244조는 피의자신문조서에 대한 명문 규정을 두고 있고, 피의자신문조서 작성 절차에 대해 설명하고 있습니다. 그리고 피의자신문 규정에 따라 피의자신문조서를 작성하지 않으면 적법절차를 준수했다고 볼 수 없고 신문 과정에서 얻은 그 정보의 증거능력이 부정될 수 있으며 진술서 등의 서면 증거 역시 증거능력이 부정될 수 있습니다.

수사과정에서 경찰조사 전에 사건관계인이 진술서를 작성하게 되는 진술인은 피해자 뿐 만이 아니라 피의자 또는 목격자 그리고 참고인 등도 진술서를 작성해 제출할 수 있는 대상이 될 수 있습니다.

그러나 진술인에 대한 '진술서 작성방법' 에 관련한 명문 규정은 전혀 없고 따라서 진술서 획득 시 절차나 과정 등에 대한 규정 역시 없는 상태입니다.

이러한 진술을 기재한 서면 혹은 진술서는 형사소송절차에서 큰 비중을 차지하고 있음에도 불구하고 진술서 작성방법에 대하여 증거능력 인정에는 다양한 해석이 있고 판례 역시 통일된 기준을 제공하지 않고 있습니다/

경찰조사 전에 피해자나 피고소인, 피의자, 목격자, 참고인 등이 스스로 자기의 의사, 사상, 관념 및 사실관계 등을 자필이나 컴퓨터에서 워드 또는 한글파일로 직접 사건에 대한 내용을 적어 제출하는 진술서는 형식적인 기재순서보다는 수사를 담당하는 조사담당자의 심증을 움직이는 데 초점을 맞추고 논리에 맞도록 설명하는 식으로 작성하여야 효과적입니다.

진술서는 아무런 개입 없이 진술인에게 사건 당일 이른 아침에 눈 뜰 무렵부터 잠들 때까지 모든 일에 대하여 하나도 빠짐없이 자세하게 작성하여 제출하는 진술서가 조사담당자가 작성하는 심문조서에 비하여 훨씬 덜 요염된 진술을 통하여 얼마든지 자신에게 유리한 진술을 할 수 있습니다.

경찰에서 수사를 담당하는 조사담당자의 면전에서 조사담당자가 사건에 대해 진술인에게 묻고 진술자가 대답하는 과정에서는 진술인의 기억이 왜곡될 수 있고 정보가 왜곡될 가능성이 있기 때문에 이러한 폐단을 없애고 유리한 진술을 하기 위해서는 경찰에 출석하여 조사를 받기 전에 미리 진술하고자 하는 예정된 진술내용을 진술서에 모두 기재하여 제출하고 그 진술을 빠짐없이 작성하여야 언제든지 생길 수 있는 실수를 줄일 수 있고 유리한 진술을 체계적으로 할 수 있습니다.

진술서는 자필로 작성하거나 컴퓨터에서 워드 또는 한글파일로 작성한다 하더라도 중요하지 않습니다.

문제는 사건관계인이 진술할 내용을 얼마만큼 수사를 담당하는 조사담당자에게 잘 전달하고 설명하는 것이 매우 중요합니다.

사건관계자가 진술하는 그 내용에 따라서 유무죄가 판단될 수 있는 기초 자료가 될 수 있으므로 더 중요합니다.

모든 진술서는 진술의 내용을 타인의 개입 없이 진술서를 작성할 수 있기 때문에 기억왜곡이나 정보왜곡의 가능성은 없지만 수사를 당당하는 조사담당자의 면전에서 작성되는 진술조서 즉 신문조서는 수사를 담당하는 조사담당자와 진술인 사이의 상호작용으로 인한 기억왜곡이나 조서의 정보왜곡이 생길 수 있으므로 진술서를 작성해 미리 제출하는 것이 사건관계인에게 훨씬 더 좋습니다.

경찰 수사단계나 검찰 수사단계에 사건관계인의 자필이나 컴퓨터에서 워드 또는 한글파일로 작성된 진술서가 제출되면 그 진술이 얼마나 타당한지 확인을 하게 됩니다.

말하자면 진술에 대한 신빙성을 평가하게 됩니다.

진술인이 진실을 말하는지 거짓을 말하는지 해당 진술에 포함된 사건관련 추가 정보를 확인합니다.

그러므로 진술의 내용과 모순되는 부분이 없어야 합니다.

왜곡되지 않은 순수한 상태의 진술이 선행되어야 합니다.

수사과정에서 경찰조사 전이나 조사 후에 제출되는 진술서는 진술서의 작성 형식이나 작성자에 대한 제한의 규정이 없는 상태에서 진술서의 내용은 주로 조서내용과 범죄사실의 혐의를 대조하거나 대체로 작성된 진술서 내용이 특정 사건의 내용과 일치하는가를 확인하거나 혹은 추궁하는 내용에 대해 자백하는지 아니면 어떤 이유로 부인하는지를 확인하기 때문에 진술서는 매우 중요합니다.

제5장 고소인(피해자)진술

고소를 하여 범인을 처벌시키려면 고소장을 범죄혐의 인정될 수 있도록 잘 작성하여야 하고, 고소인이 고소진술을 통하여 범죄혐의를 입증하는 진술를 잘 받아야 하고, 수사를 담당하는 조사담당자가 유죄의 심증을 갖고 열성적으로 조사를 잘 해야 하고, 검사가 정의롭게 결정하여야 비로소 가능한 것입니다.

범죄의 피해자인 고소인은 물론 고소장도 중요하지만 고소진술을 잘하지 못합니다. 고소장에도 나와 있지 않은 엉뚱한 진술을 잘못하여 고소사건을 망치는 분들이 굉장히 많은 편입니다. 물론 경험이 많지 않은 탓도 있겠지만 전혀 사실과 다른 진술을 하는 바람에 범죄혐의를 입증하는 데 실패하는 분들이 대부분입니다.

피해 진술 과정에서 범죄혐의 입증에 실패하신 경우 그 것을 그대로 두고 있으면 안 됩니다. 바로 자필이나 컴퓨터에서 워드 또는 한글파일로 진술서를 작성하여 잘못된 진술을 바로 잡아야 합니다.

법경찰관은 고소사건에 대하여 사건의 내용을 명확히 알기 위하여 고소인을 상대로 먼저 고소진술을 받고 피고소인이나 피의자를 출석시켜 법규를 어기고 저지른 잘못이 있는지 범죄혐의 유무를 명백히 하여 공소제기와 유지 여부를 결정하기 위해서 조사를 합니다.

경찰서의 조사는 수사를 담당하는 조사담당자가 사건의 내용을 충분히 검토하고 관계법령을 연구하여 조사할 초점이 무엇인가를 명확하게 파악하고 고소인이나 피고소인에게 조사할 질문의 순서와 방법을 메모지에 요약하여 조사하기 때문에 고소인이 피해사실을 진술함에 있어 쓸데없는 진술을 하여 범죄혐의를 입증하지 못하는 경우가 흔히 있는 일입니다.

조사과정에서 수사를 담당하는 조사담당자는 고소인에게 하는 질문은 될 수 있는 한 짧게 합니다. 그 대신 고소인으로 하여금 많은 진술을 하도록 하여 그에 대한 모순점을 발견하기 때문에 고소인은 정말 조심해야 합니다. 되도록 많은 진술을 하게 하면서 고소인이 진술을 번복하는 때에는 그 피해입은 내용을 다시 캐묻고 조서에 기록을 남기기 때문에 고소의 목적이 불리하게 작용할 수 있습니다.

고소인으로서도 고소진술을 앞두고 있거나 고소진술 후 사실관계나 피해 입은 범죄사실을 진술하는 과정에서 사실관계를 잘못 이해하고 잘못 진술한 부분이 있으면 수사를 담당하는 조사담당자가 마음먹고 조사 진행을 하고 그 결과를 달리 볼 수 있고 뒤집을 수 있으므로 즉시 고소인은 진술서를 통하여 잘못된 그 진술을 바로 잡아야 합니다. 앞 뒤가 모순되는 일이 없고 일관성이 있도록 고소진술을 잘 받아야 합니다.

동일성이 인정되는 범위 내에서 사실관계를 잘못 알고 진술한 부분을 바로 잡거나 스스로 진술인의 의사, 사상, 사실관계 등이나 범죄사실과 관련하여 조사 과정에서 진술한 내용을 추가적으로 기재하여 그 사법경찰관 소속 관서의 장(경찰서장)에게 제출하면 사법경찰관이 작성한 진술조서와 같은 증거기치가 있습니다.

불리한 진술을 바로 잡지 않고 그것을 그대로 두면 고소인에게 걷잡을 수 없는 고소 결과로 전개될 수 있으므로 사실관계를 잘못 알고 한 그 진술은 지체 없이 자필로 진술서를 작성하거나 컴퓨터에서 워드나 한글파일로 추가진술서를 작성해 즉시 바로 잡아야 합니다.

제6장 피의자 진술

　경찰에서 출석요구를 받으면 대부분의 피고소인이나 피의자는 아무런 준비를 하지 않은 채 출석하여 조사를 받는 분들이 굉장히 많습니다. 경찰에서 출석요구를 받으면 최소한 출석일자를 뒤로 미루고 바로 그 사법경찰관 소속 경찰서의 종합민원실로 가서 정보공개청구를 하여 고소장의 사본을 교부받아 범죄사실을 면밀히 검토하고 그에 따른 진술할 내용과 변소하고자 하는 증거자료를 철저히 준비하여 출석하여야 합니다.

　조사과정에서는 고소사실을 검토하지 않은 채 아무런 진술의 준비를 하지 않고 출석할 경우 범죄혐의의 증명에 확신이 없는 상태에서 지긋지긋한 조사실에서 빨리 벗어나야겠다는 생각으로 자신의 짐작이나 추측만으로 고소사실을 진술하면서 자백하는 분들이 많습니다.

　진술을 마치고 집으로 돌아오면 후회가 막심합니다.

　수사를 담당하는 조사담당자의 면전에서 조사담당자가 사건에 대해 묻고 대답하는 과정에서는 상호작용에 의하여 기억왜곡으로 엉뚱한 진술을 할 수도 있고 사실과 전혀 다른 불리한 진술을 할 수 있습니다.

　진술은 철저히 준비하지 않으면 진술을 잘못 할 수도 있고 엉뚱한 진술로 망치는 경우가 있습니다.

　사실관계를 제대로 따져보지도 않고 사실과 다른 진술을 잘못한 경우에는 자필이나 컴퓨터에서 워드나 한글파일로 진술서를 작성하여 수사를 담당한 조사담당자가 진술서를 읽고 어떤 진술과 어떠한 부분 무엇과 관련한 내용인지를 알 수 있도록 작성하고 진술서를 통하여 어떤 사실관계를 바로 잡는다는 것인지 구체적으로 설명하는 식으로 진술서를 작성하여야 효과적입니다.

수사과정에서 진술한 사실관계는 동일성이 인정되는 범위 내에서 진술서를 작성하여야만 추가조사를 받지 아니하고 수사의 결론을 내릴 수 있지만 경찰조사 과정에서 한 진술과 추가진술서의 내용이 동일성을 해치는 경우에는 전면 다시 조사를 벌려야 하기 때문에 받아들여지지 않을 수 있습니다.

진술서는 추가진술의 성격을 띤 해명은 먼저 잘못한 진술의 사실관계를 정리하고 잘못 진술한 그 이유와 바로 잡는 진술의 요지를 정리하고 조사 과정에서 진술을 잘못한 부분에 대한 원인관계를 구체적으로 설명한 후에 소결의 순서로 논리를 구성하면 수사를 담당하는 조사담당자가 이해하기 쉽게 작성하여야 효과적입니다.

일반적으로 (1)누가 (2)언제 (3)누구와 사이에 (4)무엇에 관하여 (5)어떠한 부분에 대한 사실관계를 잘못 알고 진술을 잘못 한 것을 바로 잡는다는 것으로 작성하면 수사를 담당하는 조사담당자가 이해기 쉽습니다. 경찰조사 과정에서 제출하는 진술서는 기소의견으로 검찰에 송치되는 경우 구형량을 정하는 검사가 검토하고 유죄가 인정되어 기소하는 경우 판결을 선고하는 재판장이 진술서를 읽을 수 있고 판단의 기초 자료가 되기 때문에 자만하지 말고 겸손한 자세로 할 말만 간단하게 설명하는 진술서를 작성해 제출하여야 더 좋습니다.

제7장 진술서의 증거

사건관계자가 제출하는 자필이나 컴퓨터에서 워드나 한글파일로 작성한 진술서는 증거에 해당합니다. 신뢰할 수 있는 사건관계의 진술서는 사실인정에 도움이 됩니다. 판례에서도 사실인정에 이를 수 있게 해준 핵심 증거의 대부분은 구두진술이나 사건관계인이 제출한 진술서는 진술증거라고 밝히고 있습니다.

수사과정에서 경찰조사 전후 사건관계인이 제출하는 진술서는 형사소송절차 상 실체적 진실을 발견하는데 중요한 가치를 가집니다. 진술증거는 보통 수사를 담당하는 조사담당자의 면전에서 조사담당자가 사건에 대해 진술인에게 묻고 진술인이 답하는 식으로 이루어지지만 때로는 사건관계인 진술인이 자필이나 컴퓨터에서 워드나 한글파일로 직접 사건에 대해 진술서를 작성하기도 합니다.

진술서의 작성은 법적으로 강제력은 없습니다.

수사를 담당하는 조사담당자는 사건의 내용이 복잡하거나 진술의 번복으로 인한 임의성이 문제될 수 있는 경우 진술인으로 하여금 자필로 작성하거나 컴퓨터에서 워드나 한글파일로 진술서를 작성해 제출해 달라고 요구하는 분들도 많습니다.

제8장 왜곡가능성

수사를 담당하는 조사담당자의 면전에서 조사담당자가 진술인에게 사건에 대해 질문하고 진술자가 답하는 신문조서는 조사담당자와 진술자 사이의 상호작용에서 발생할 수 있는 왜곡가능성이 있습니다.

그러나 사건관계가 자필로 작성하거나 컴퓨터에서 워드나 한글파일로 작성해 내는 진술서는 진술자 외에 그 누구의 개입 없이 직접 사건에 대한 기억을 진술할 수 있는 것이므로 진술의 왜곡가능성은 낮출 수 있으므로 효과적입니다.

경찰조사 전에 사건관계인이 진술서를 제출하게 되면 수사를 담당하는 조사담당자는 향후 수사방향설정에 필요한 정보는 물론이고 불필요한 수사과정을 제거할 수 있고 신속한 수사진행이 가능하므로 더 효과적입니다.

제9장 진술의 필요성

진술서는 진술 이전에 특정 사실을 경험한 진술자가 기억한 정보를 일정 시간 경과 후 사후적으로 인출해 이를 언어적 형태, 말하자면 문자나 구술로 표현함으로써 얻어지는 증거를 말합니다. 경찰조사를 앞두고 있는 피해자나 피고소인, 피의자, 목격자, 참고인 등은 진술 조서에서 진술하고자 하는 진술내용을 미리 진술서에 기재하여 미리 제출하여 두고 진술의 준비를 철저히 하여 출석해 진술을 하는 것이 좋습니다.

진술서는 수사가 시작된 후 수사가 종국처분이 있을 때까지 수시로 사건과 관련하여 진술하고자 하는 사항을 개진하는 역할을 하는 매우 중요합니다.

사건관계인은 수사기관에 출석하여 진술을 함이 원칙입니다.

그러나 사건관계인이 수사기관에 출석하여 조사담당자의 면전에서 질문과 대답으로 인한 상호작용으로 왜곡가능성이 있으므로 왜곡가능성을 없애고 유리한 진술을 하기 위해서는 많은 진술준비가 필요합니다.

수사기관에서도 수사를 담당한 조사담당자가 한 기일에 많은 사건을 조사해야 하는 등 시간적으로 제약이 따를 수밖에 없습니다. 그래서 진술조서를 하기 전에 미리 진술조사 시 진술하고자 할 진술내용을 빠짐없이 작성하여 제출하여 두고 수사를 담당하는 조사담당자가 진술서를 검토하는 동안 진술의 준비를 철저히 하고 조서에 임하면 사건관계인도 진술의 번복을 피할 수 있고 조사담당자는 불필요한 수사과정을 제거하고 신속한 수사진행이 가능하기 때문에 진술서제출은 중요한 역할을 하게 됩니다.

최신서식

(1)진술서 - 사고를 목격한 사실을 문답형식으로 구체적으로 작성하여 수사기관에
제출하는 진술서

진 술 서

사 건 번 호 : ○○○○수사 제○○○○호 불상자 변사사건

고 소 인 : ○   ○   ○

피 고 소 인 : ○   ○   ○

대전시 둔산경찰서장 귀중

<table>
<tr><td colspan="5" align="center"># 진   술   서</td></tr>
<tr><td>성 명</td><td colspan="2">○ ○ ○ (한자 :   )</td><td>성 별</td><td>남 · 여</td></tr>
<tr><td>연 령</td><td>○○세</td><td>주민등록번호</td><td colspan="2">생략</td></tr>
<tr><td>본 적</td><td colspan="4">대전시 ○○구 ○○로 ○○○번지</td></tr>
<tr><td rowspan="2">주 거</td><td colspan="4">대전시 ○○구 ○○로 ○○, ○○○-○○○호</td></tr>
<tr><td colspan="4">(휴대폰) 010 - 3456 - 0000</td></tr>
<tr><td>직 업</td><td>회사원</td><td>직 장
소재지</td><td colspan="2">생략</td></tr>
<tr><td colspan="5">위 사람은 불상자에 대한 변사사건에 대하여 ○○○○. ○○. ○○. 대전
둔산경찰서 수사과에서 발송한 이메일에 대하여 다음과 같이 문답하다.</td></tr>
</table>

- 다   음 -

문 : 언제 어디서 변사자를 발견하였나요.

답 : ○○○○. ○○. ○○. 오후 ○○:○○분경 ○○산 ○○방향으로 10분쯤
거리의 등산로(○○산 우회로라고 알고 있습니다)에서 발견하여 ○○:○
○분에 진술인이 119로 신고했습니다.

이후 주변의 위치 푯말을 확인하니"북서 34 - 02" 라고 되어있었습니다.

문 : 변사자는 알고 있는 사람입니까.

답 : 전혀 모르는 사람입니다.

문 : 발견하게 된 경위에 대하여 진술하시오.

답 : 진술인은 ○○○○. ○○. ○○.오전 ○○:○○부터 홀로 ○○산을 종주
하는 중에 ○○산에서 추락으로 인한 사망으로 추정되는 사망자를 발
견하고 119로 신고하였습니다.

이후 산악구조대(오후 ○○:○○경)가 도착할 때까지 정확한 사고지점을
알려주며 현장에서 머물다가 구조대원에게 신고자 인적사항 등을 알려
준 후 하산했습니다.

산악 구조대가 현장에 도착했을 때 ○○산 방향에서 사고현장 쪽으로
야간산행을 하던 4명의 (여자1, 남자3, 정확하지는 않습니다) 등산객이
현장에서 구조대와 같이 만났습니다. 잠시 후 그들은 ○○방향으로 산

행을 계속했습니다.

문 : 변사자가 쓰러져 있던 곳이 등산로 였습니까.

답 : 등산로 한가운데입니다.

문 : 변사자가 떨어진 것으로 추정되는 절벽(바위)의 높이는 어느 정도 되나요.

답 : 진술인이 판단하기로는 ○○미터 정도로 추정되는 거의 직각의 절벽입니다.

문 : 진술인이 등산 시에 절벽(바위)은 어떠한 상태였습니까.

답 : 진술인은 사고지점을 매일 같이 산행했었지만 사망사고가 잦은 사고위
    험지역이라는 경고안내문을 보고는 항상 우회하여 다녔기에 절벽 위의
    사정은 전혀 알지 못합니다.

    사고당일의 일기는 매우 맑은 상태였고 절벽 위의 바위는 마른 상태였
    을 것이라 생각됩니다.

문 : 변사자가 흰색 운동화를 신고 있었는데, 추락한 절벽을 운동화로 등산
    할 수 있는 장소 입니까.

답 : 진술인의 생각으로는 운동화로는 절대 안 되며 등산화를 착용했더라도
    그곳의 경험이 있는 사람과 동행을 해야 되는 곳이라고 생각이 듭니다.

문 : 발견 당시 변사자는 어떠한 모습을 하고 있었나요.

답 : 약 1미터정도의 등산로 중앙에 머리를 ○○쪽으로 하고 다리는 구부러
져 마름모꼴을 하고 길게 누워있는 상태였습니다.

사고자가 입고 있던 옷은 파란색의 점퍼에 회색(추정, 헤드랜턴의 불빛
으로 정학한 색을 파악할 수 없으며 기억 또한 뚜렷하지 않습니다)의
바지를 착용하고 있었으나 신발은 신고 있지 않았으며 주변에 흰색운
동화 한 짝, 핸드폰 같아 보이는 전자제품, 헤드폰 등이 널려져 있었습
니다.

사고자는 아마 절벽에서 추락하며 바위에 많이 부딪힌 듯 했으며 안면
부에 많은 피가 흘러있는 상태였으며 생사여부를 확인하고자 랜턴을
가까이 비추고 살펴보았으나 즉사했을 것으로 생각합니다.

문 : **현장 주변에 사람은 없었습니까.**

답 : 오후 ○○:○○분 발견 당시에는 다른 사람이 없었지만 진술인이 신고
한 후 현장에서 산악구조대원이 올라오기를 기다리는 중 ○○:○○분에
여자1명, 남자3명 (4명인지 정확하지는 않습니다)이 현장에 도착하여
놀라고 있는 중 산악구조대원이 도착하였습니다.

이후 이들 산행인은 ○○방향으로 계속해서 갔습니다.

문 : 등산 시 비명이나, 구호요청 같은 것은 듣지 못하였나요.

답 : 전혀 듣지 못했습니다.

문 : 변사자를 발견 후, 어떠한 조치를 하였습니까.

답 : 발견 후 생사 여부를 확인했습니다. 이후 즉시 119로 휴대하고 있던 핸드폰으로 신고했습니다. 신고 접수자로부터 산악구조대에 연락을 했으니 잠시 현장을 떠나지 말고 기다려달라고 하여 기다리자 잠시 후 산악구조대가 확인 전화를 해오고 정확한 위치를 알려주었으며 현장에서 구조대가 와서 현장을 수습하는 것을 본 후 하산했습니다.

문 : 변사자의 사망에 타살의심 점은 없나요.

답 : 전문적인 식견이 없으며 어두운 산중에, 인적이 없는 상태라 자세히 관찰하지는 못했지만 타살은 아닌 것으로 생각이 듭니다.

문 : 본 건에 대하여 참고로 하실 말은 없습니까.

답 : 특별한 말은 없지만, 사고를 자살로 추정할 수 있을 것 같습니다.

　진술인의 생각으로는 생활고에 시달린 사람의 비관 자살이 아닌가 싶습니다.

　사고 바위는 위험지역이라는 안내문이 있으며 사고발생시간이 정상 부근의 산행 인이 모두 하산하고 없을 오후 6시 이후일 것으로 추정되어 정상적인 사람이었다면 평상복에 운동화 차림으로 어두워지는 시간에 그런 위험한곳을 산행하지 않기 때문입니다.

문 : **이상 진술이 사실인가요.**

답 : 진술인의 추정을 제외하고는 모두 사실임을 확인합니다.

소명자료 및 첨부서류

1. 진술인의 신분증 사본   1통

○○○○ 년 ○○ 월 ○○ 일

위 진술인(목격자) : ○ ○ ○   (인)

대전시 둔산경찰서장 귀중

(2)진술서 – 저작권법위반 조사중인 피고소인이 고소사실에 대응하여 구체적으로
   작성해 제출하는 진술서 최신서식

진 술 서

사 건 번 호 : ○○○○수사 제○○○○호 저작권법위반 등

고 소 인 : ○   ○   ○

피 고 소 인 : ○   ○   ○

경기도 화성경찰서장 귀중

진 술 서

1. 진술인

성 명	○ ○ ○	주민등록번호	생략
주 소	경기도 화성시 ○○로길 ○○, ○○○-○○○호		
직 업	상업	사무실 주 소	생략
전 화	(휴대폰) 010 - 2389 - 0000		
기타사항	이 사건 피고소인입니다.		

상기 진술인은 귀서 ○○○○수사 제○○○○호 본인에 대한 저작권법위반 등 피의사건에 관하여 피의자로서 다음과 같이 진술서를 작성하여 제출합니다.

<h1 style="text-align: center;">- 다　　음 -</h1>

1. 신분관계

진술인은 이 사건 저작권법위반 고소사건의 피고소인입니다.

2. 진술인의 지위와 업태 등

진술인은 ○○○○. ○○. ○○. 주식회사 아름다운강산(이하"피고소인"이라만 줄여 쓰겠습니다)으로 법인을 설립하여 ○○○○. ○○. ○○.인터넷 커뮤니티 서비스를 시작하였으며, ○○○○. ○○. ○○.(주) ○○○에 인수, ○○○○. ○○. ○○.현재 사용하고 있는 주식회사 ○○으로 상호를 변경, 인터넷 등을 통한 온라인 서비스를 주된 사업 목적으로 하고 있습니다.(증제1호증 법인등기부 등본 참조)

진술인의 주요 서비스로는 동영상 포털 ○○○ 커뮤니티 서비스 동영상 및 UCC편집 프로그램 매직원 등이 있으며, 독창성과 창의력을 객관적으로 인정받아 우수 커뮤니티 부문 은상을 수상하는 영애를 득하는 등 단기간에 걸쳐 괄목할 만한 성과를 거두었습니다.

3. 본건 음원에 대한 서비스 경위

가. 음원공급 등을 위한 계약체결

고소인은 진술인을 임의로 본건 음원을 서비스하였고 이에 대한 저작권법위반으로 본건 고소를 제기한 것이나 실제 진술인은 고소인의 고소사실과 전혀 다른 정당한 계약과 절차를 통하여 본건 음원을 서비스하여 왔으며, 서비스에 따른 음원사용에 대한 사용료 상당액을 계약에 의해 지급한 바 있습니다.

더욱이 진술인은 본건 고소사건 이외 그간 최초 음원공급 계약을 체결한 후, 현재까지 본건 음원을 포함, 그 어떠한 음원에 대하여 저작권법 위반 등의 법적 분쟁이나 이의를 제기 받은 사실이 없으며, 본건 사건에 있어 진술인 역시 유효한 계약을 체결하고, 이에 따른 음원을 공급받아 서비스한 제반사정을 감안하여 보더라도, 진술인 역시 본건 사건에 있어 명백한 피해자라 할 것입니다.

나. 제1차 음원공급 계약

진술인은 ○○○○. ○○. ○○.현 ○○○에 흡수합병 된 ○○뮤직시티와 진술인이 운영하는 사이트에 ○○뮤직시티가 적법하게 라이센스를 확보하고 제작한 음원을 진술인이 운영하는 위 사이트에 제공하는 계약을 체결하여, 본건 음원을 포함, 진술인이 위 사이트를 통하여 이용자에게 제공한 음원 모두를 공급받았습니다.

또한 음원공급에 대한 사용대가로서, 공급받은 음원에 대한 서비스로 발생된 총매출액에 대하여 제 비용(23 % : 결제대행수수료, 대손충당금, 저작인접권, 저작권, 실연권)을 공제한 잔여 수익금의 (17)%를 진술인과 음원공급자인 ○○뮤직시티가 각 분배하였습니다.

한편 진술인은 서비스의 적법성과 합법성을 확보하고, 공급받은 음원에 대한 법적 리스크를 최소 화 하기 위하여 계약서 제7조에"지적재산권"이라는 조문을 명문화하여 제공받은 음원이 타인의 저작권, 특허권 등을 포함, 일체의 지적재산권을 침해하는 것이 아님을 공급자인 ○○뮤직시티가 보증하며, 보증사항에 대하여 전적인 책임을 부담한다. 라는 규정을 두었으며, 이와 별도로 동조 2항에 지적재산권에 관한 분쟁이 발생한 경우, 음원공급자인 ○○뮤직시티는 자신의 비용으로 이를 방어하여야 하며 분쟁으로 인하여 진술인에게 손해를 입힌 경우, 변호인 선임 등 소송비용을 포함, 제반 경비 및 신용상의 손해를 포함, 일체의 배상책임을 부담하여야 한다. 라고 법적 분쟁이나 손해발생에 대한 책임소재를 명백히 규정한바 있습니다.

제1차 음원 공급계약의 유효기간은 ○○○○. ○○. ○○.부터 ○○○○. ○○. ○○.까지로 약정하였으며, 다만 계약완료일 1개월 전까지 서면에 의한 일방의 해지통보가 없으면 자동으로 1년씩 계약이 갱신되는 것으로 본다. 라고 기간을 약정하였습니다.

다. 제2차 음원공급 계약

진술인은 위 제1차 음원 공급계약 체결 후, 동 계약이 만료되기 이전인 ○○○○. ○○. ○○. ○○뮤직시티와 제1차 음원공급 계약과 동일한 내용의 제2차 음원공급 계약을 체결, 동 계약에 따른 적법한 음원을 공급받아 서비스를 진행하였습니다.

본 제2차 음원공급 계약의 유효기간은 ○○○○. ○○. ○○.부터 ○○○○. ○○. ○○.까지 약정하였고, 계약기간 만료 1개월 전부터 협의하여 최종적으로 계약기간 만료 15일 이전까지 재계약 여부를 결정하기로 하며, 다만 동 기간 동안 양 계약당사자가 재계약 여부에 관한 아무런 의사표시가 없을 경우 제2차 음원공급 계약과 동일한 조건과 기간으로 자동 갱신되는 것으로 한다. 라는 단서규정을 추가한 바 있습니다.

라. 제3차 음원공급 계약

진술인과 음원공급자인 ○○뮤직시티는 ○○○○. ○○. ○○.제2차 음원공급 계약이 만료됨에 따라 제1차 및 제2차 음원공급 계약과 동일한 내용의 계약을 체결하고, 서비스의 지속성과 안정성을 도모하기 위하여 최선의 노력을 다하였습니다.

제3차 음원공급 계약의 유효기간은 ○○○○. ○○. ○○.부터 ○○○○. ○○. ○○.까지로 계약기간을 약정한 바 있습니다.

마. 제4차 음원공급 계약

진술인은 ○○○○. ○○. ○○. 음원공급자인 ○○뮤직시티와 제4차 음원공급 계약을 체결하였으며, 동 계약의 내용은 위에서도 언급한 바와 같이 기 체결된 음원공급 계약과 동일하며, 다만 수익배분에 있어 제 비용의 요율을 음원공급에 따른 발생매출 총액의(23   )%[결제대행 수수료(12%), 대손충 당금(11%), 저작인접권(5%), 저작권(3%), 실연권(12%)]로 일부 조정한 바 있습니다.

또한 저작권관련 제 비용(총 매출액의 23%)은 음원공급자인 ○○뮤직시티가 보유하며, 동 법인의 책임 하에 각 정산 처리토록 한다. 라고 관련 비용의 정산 및 지급의무를 명문화 하였습니다.

한편 제4차 음원공급 계약의 유효기간은 ○○○○. ○○. ○○.부터○○○○. ○○. ○○.까지로 약정하였으며, 동 기간의 단서 조항은 제3차 음원공급 계약과 동일하게 규정하였습니다.

바. 제5차 음원공급 계약

○○○○. ○○. ○○. 진술인은 ○○○○. ○○. ○○.제4차 음원공급계약 당 사자인 ○○뮤직시티가 블루○○에 흡수 합병된 연유로 합병한 블루○○와 제 5차 음원공급 계약을 체결하였으며, 동 계약은 기존의 진술인과 ○○뮤직시 티와 체결한 음원공급 계약의 규정을 담고 있으며, 다만 양 계약당사자간 수 익분배에 있어 가요와 팝을 구분하여 제 비용으로 산정하는 요율을 가요의 경우 총매출액의 (24)%를, 해외 팝의 경우 총매출액의 (11)%를 각 적용하여 비용을 산정하고, 동 절차에 따라 발생된 비용을 제외한 수익금원에 대하여 (17)%씩 분배키로 약정한 바 있습니다(증제2호증 법인등기부등본 참조)

한편 제5차 음원공급 계약의 유효기간은 ○○○○. ○○. ○○.부터 ○○○ ○. ○○. ○○.까지로 약정하였으며 계약의 갱신 등에 대한 규정은 기존 음 원공급 계약과 동일하게 규정하였습니다.

사. 제6차 음원공급 계약

진술인은 음원공급자인 블루○○와 ○○○○. ○○. ○○.제5차 음원공급 계약이 종료됨에 따라 제6차 음원공급 계약을 체결하였으며, 동 계약의 경우, 계약기간을 ○○○○. ○○. ○○.부터 ○○○○. ○○. ○○.까지로 약정하였습니다.

또한 블루○○와 진술인간의 수익배분과 관련하여, 제 비용을 제외한 총수익금 전부를 위 음원공급업자인 블루○○에게 귀속케 하였으며, 이와 별도로 블루○○은 진술인의 온라인 서비스와 관련된 계약이 종료된 ○○○○. ○○. ○○.까지만 서비스와 관련된 운영과 기 판매된 음원에 대한 스트리밍을 제공하고, ○○○○. ○○. ○○.부터는 서비스 내 뮤직샵 서비스와 관련하여 서비스 개시 이후, 블루○○가 서비스를 제공하면서 기 판매된 음원에 대하여 일정 스트리밍을 제공하지 않는다. 라고 서비스 종료에 대한 공급계약 제8조 4항에 명기하였습니다.

아. 제7차 음원공급 계약

제6차 음원공급 계약에 대한 부속합의서에 의하면

진술인과 블루○○는 ○○○○. ○○. ○○.서비스 제공연장에 관한 부속합의서를 체결하고, 제6차 음원공급계약 제6조의 계약기간 및 제7조의 수익배분에 관한 사항을 변경합의 후, 부속합의를 체결한 바 있습니다.

즉 기존 제6차 음원공급 계약의 유효기간이 ○○○○. ○○. ○○.까지로 되어 있으나 해당 서비스의 지연에 따라 이를 ○○○○. ○○. ○○.까지로 연장하며, 수익배분에 있어 제 비용을 공제한 순수익을 제6차 음원공급 계약은 전액 블루코드테크놀로지㈜에게 귀속케 하였으나 이를 균등분배 하는 정산방법으로 해당 규정을 변경하였습니다.

3. 적법한 음원제공 및 동 사실에 대한 통지

진술인은 고소인 ○○○에게 ○○○○. ○○. ○○.내용증명 회신공문을 통하여 첫째, 진술인은 음원대행사인 블루○○와 음원공급 계약을 체결한 사실 둘째,

합법적 음원공급 계약에 의해 음원을 공급받아 미니홈피 ○○○서비스를 진행한 사실 셋째, 진술인과 블루○○ 양자 간의 역할, 즉 "블루○○는 음원 권리자와의 계약 및 미니홈피 ○○운영, 음원 권리문제의 해결에 대한 역할을, 진술인은 합법적으로 음원을 공급받아 서비스 제공하는 역할을 각 수행", 넷째 본건의 문제에 대하여는 블루○○측이 문제에 대하여 인지를 하고, 문제를 해결할 의무가 있으며, 진술인이 고소인의 통지를 받은 후, 블루○○ 측에 문의, 블루○○으로 부터 고소인과 적극 원만한 해결의사를 확인한 사실 등을 고지한 바 있습니다.

4. 결어

진술인은 위에서 언급한 바와 같이, 현재까지 단 한 번도 본건 음원에 대하여 불법적으로 음원을 사용한 사실이 없으며, ○○○○년경부터 현재까지 ○○뮤직시티 및 블루○○ 등과 적법한 계약을 체결하고 여러 음원을 공급받아 이용자들에게 서비스를 제공하여 왔습니다.

더욱이 본건 고소 사건을 제외한 그 어떠한 음원에 대하여 저작권 내지 기타 권리를 침해하였음을 이유로 고소나 소송을 제기 받은 사실 또한 전무하며, 본건 음원에 대하여 현 일체의 사용을 하지 않고 있습니다.

진술인은 현재까지도 본건 음원의 공급권한은 진술인이 음원공급 계약을 체결한 계약당사자에게 있다고 판단하였으며, 그와 같은 판단과 계약에 의하여 진술인은 음원공급자에게 수익을 배분하여 왔습니다.

만일, 진술인이 본건 음원에 대한 제 권한이 고소인에게 있었다면 당연 고소인과 계약을 체결하여 음원을 공급받았을 것이며, 더 나아가 계약이 성립되지 아니할 경우, 해당 음원을 서비스 범주에서 제외하였을 것입니다. 실제 본건 음원의 서비스에 의해 발생된 수익은 극히 저조하였으며, 이에 대한 실 사례로 제6차 음원공급 계약의 경우 3개월간 발생된 모든 수익을 음원공급자인 블루○○에게 귀속케 한 점을 보더라도 쉽게 확인할 수 있을 것입니다.

또한 진술인은 진술인이 서비스하는 공간이나 시장이 폐쇄적이거나 은폐된 시장이 아닌 온라인 즉 누구나 쉽게 접근하거나 이용할 수 있는 대상임에도 불구하고, 수년간 음원 서비스를 하고 있었음에도 불구하고 고소인 내지 그 누구도 음원의 불법적 사용이나 저작권 침해 등을 주장한 사실이 없으며, 이와 같은 제반 상황을 감안하여 보더라도 진술인이 고의로 본건 음원에 대한 불법적 사용이나 고소인의 권리를 침해할 고의나 과실이 없음은 너무나도 당연한 결과라 할 것입니다.

이에 진술인은 본건에 대한 조속한 해결을 통하여 일상의 업에 충실할 수 있도록 선처를 바라며, 추후 고소인을 포함, 그 누구의 권한이나 권리를 침해하지 아니할 것을 본 진술서를 빌어 굳건한 의지를 표하고자 합니다.

소명자료 및 첨부서류

1. 증제 1호증   법인등기부등본(진술인)

1. 증제 2호증   법인등기부등본(블루○○)

1. 증제 3호증   제1차 음원공급계약서

1. 증제 4호증   제2차 음원공급계약서

1. 증제 5호증   제3차 음원공급계약서

1. 증제 6호증   제4차 음원공급계약서

1. 증제 7호증   제5차 음원공급계약서

1. 증제 8호증   제6차 음원공급계약서

1. 증제 9호증   제7차 음원공급부속합의서

1. 증제10호증   서비스중단 요청에 대한 답변공문

○○○○ 년 ○○ 월 ○○ 일

위 진술인(피의자) : ○ ○ ○   (인)

경기도 화성경찰서장 귀중

(3)진술서 - 피의자가 수사중인 사건에 사실관계를 진술하고 고소인을 무고로 처벌
요구 진술서 최신서식

진 술 서

사 건 번 호 : ○○○○수사 제○○○○호 유가증권위조 등

고 소 인 : ○   ○   ○

피 고 소 인 : ○   ○   ○

경상남도 양산경찰서장 귀중

진 술 서

1.진술인

성 명	○ ○ ○	주민등록번호	생략
주 소	경상남도 양산시 ○○로길 ○○, ○○○-○○○호		
직 업	상업	사무실 주 소	생략
전 화	(휴대폰) 010 - 2389 - 0000		
기타사항	이 사건 피고소인입니다.		

상기 진술인은 귀서 ○○○○수사 제○○○○호 본인에 대한 유가증권위조 등 피의사건에 관하여 피의자로서 다음과 같이 진술서를 작성하여 제출합니다.

<h1>- 다 음 -</h1>

1. 진술인과 고소인 간의 관계

(1) 고소인 ○○○은 이 사건 8,000만 원 짜리 약속어음을 발행한 주식회사 ○○○산업의 경영자입니다.

(2) 진술인은 고소인이 경영하는 위 회사 사무실을 함께 사용하는 고소 외 ○○○이 경영하는 주식회사 ○○○철강의 이사로 근무하고 있습니다.

(3) 고소인이 경영하는 주식회사 ○○○산업은 코스닥 상장회사인 주식회사 ○○○(대표이사 ○○○)의 자회사이며, 위 ○○○과 고소인 ○○○은 친구지간입니다.

(4) 주식회사 ○○○의 대표이사 ○○○은 ○○○○. ○○. ○○. 주식회사 ○○○○산업을 후일 자회사로 만들기 위하여 진술인의 아들 ○○○으로부터 이 회사를 인수하여, 자신이 비서로 데리고 있던 ○○○을 경영자로 내세웠는데 ○○○이 경영자가 되면서 진술인의 아들 ○○○은 주식회사 ○○○○의 경영에서 물러났으나 진술인과 진술인의 이들 소유의 부동산들이 주식회사 ○○○○산업의 채무 때문에 거래은행에 담보로 제공되어 있어 이 문제를 해결하기 위하여, 진술인은 직원으로 남아 근무하게 되었던 것입니다.

(5) ○○○은 위 ○○○을 내세워 주식회사 ○○○○산업을 인수하면서 자신의 친구인 고소인 ○○○이 사용하여온 주식회사 ○○○○산업의 사무실을 주식회사 ○○○○산업도 함께 사용하도록 조치하였습니다.

2. 이 사건 8,000만 원 짜리 약속어음의 발행과 유통과정

(1) 고소인 ○○○과 고소 외 ○○○이 무슨 말을 주고받았는가를 알 수는 없으나, 고소인 ○○○은 이 사건 8,000만 원 짜리 약속어음을 백지로

발행하여 ○○○에게 주었고, ○○○은 이 어음을 할인 받기 위해 주식
회사 ○○○○산업의 영업부장으로 근무하는 ○○○에게 이 사건 약속어
음의 금액 난에 금 8,000만원과 지급기일 난에 ○○○○. ○○. ○○.을
기입하라고 말하였고, ○○○은 시키는 대로 써 ○○○에게 주었습니다.

(2) ○○○은 이 사건 약속어음을 ○○○에게 주었고, ○○○은 이 사건 약속
어음을 ○○○에게 주면서 ○○정밀 대표이사 ○○○에게 말해놓았으니
가서 할인을 받아오라고 말하였습니다.

(3) ○○○은 ○○○과 함께 ○○정밀 사장에게 찾아가 할인을 의뢰하였던바,
○○정밀 사장은 자신의 거래은행으로 이 사건 약속어음을 들고 가 자
신이 배서를 한 후 할인을 의뢰하였는데 거래은행에서 할인을 거절하였
습니다.

(4) ○○정밀 사정은 자신이 배서한 난을 삭제한 후 이 사건 약속어음을 ○
○○에게 반환했습니다.

(5) 진술인은 위와 같은 사실들을 최근에야 알게 되었습니다.

3. 진술인이 이 사건 약속어음을 받게 된 경위

(1) 진술인은 ○○○○. ○○. ○○. 주식회사 ○○○○산업에게 돈을 7, 000
만원 대여하여 준 신용보증기금 ○○지점으로부터 1년간 채무변제기한
을 연장하기 위한 담보제공과 연대보증을 해 줄 것을 요구받았고, 이 요
구를 ○○○에게 전하면서 이미 변제기한이 지났으니, 속히 담보를 제공
하고 연대 보증인을 세워주어야겠다고 말하였습니다.

(2) 그러자 ○○○은 ○○○○. ○○. ○○.자신이 직접 배서한 이 사건 약속
어음을 진술인에게 주면서 이 어음을 신용보증기금에 견질로 주라고 말
하였습니다.

(3) 진술인은 ○○○이 시키는 대로 신용보증기금에 견질로 주었는데 수취인

난이 기재되어 있지 않았기에 진술인이 수취인 난에 주식회사 ○○○○ 산업을 기재하였을 뿐입니다.

4. 이 사건 약속어음이 부도날 때까지의 경과

(1) 진술인은 ○○○○. ○○. ○○.신용보증기금에서 요구하는 연대보증인을 세우면서 견질로 주었던 이 사건 약속어음을 반환해 줄 것을 요구하였던바, 신용보증기금 직원은 이 사건 약속어음을 진술인에게 반환해 주었습니다.

(2) 한편, 진술인은 ○○○○. ○○. ○○. ○○○의 요청에 따라 진술인이 살고 있는 집에 대하여 사채업자 ○○○에게 소유권이전등기청구권가등기를 해주면서 ○○○으로부터 7,000만 원을 빌려 ○○○에게 줬고, ○○○은 진술인에게 ○○○사장이 대신 갚아 줄 것이니 걱정하지 말라고 누차 말했습니다.

(3) 그러나 ○○○과 ○○○은 전혀 갚아주지 않아 진술인은 다른 부동산을 처분하여 일부를 변제하였습니다.

(4) 이러한 사정이 있으므로 진술인은 이 사건 약속어음을 신용보증기금으로부터 반환 받아 보관하고 있다는 사실을 ○○○에게 말하지 않거 계속 보관하고 있었던 것입니다.

(5) ○○○은 ○○○○. ○○. ○○.신용보증기금 목포지사에 전화를 걸어 이 사건 약속어음의 지급기일을 연장해 달라고 요청하였는데, 신용보증기금의 직원으로부터 이미 이 사건 약속어음은 진술인에게 반환되었다는 대답을 들었습니다.

(6) 그리고 ○○○은 진술인에게 약속어음을 가지고 있느냐고 묻기에 진술인은 사실대로 가지고 있다고 대답하면서 사채업자에게 돈을 갚는데 사용하겠다고 말하였습니다.

(7) 그러자 ○○○은 그렇다면 사용해도 좋은데 ○○○○. ○○. ○○.지급제시하면 부도나니 이틀만 더 있다가 지급제시를 해 달라고 말하기에 그렇게 해 주겠다고 대답했습니다.

그런데 다음날 진술인이 이 사건 약속어음을 소지하고 있음을 알게 된 고소인 ○○○은 이 사건 약속어음을 결제할 자금을 입금하지 않을 뜻을 말하였고, 진술인은 이 말을 듣고 이틀을 미룰 필요가 없다고 생각하게 되었습니다.

그런데 이때 무렵 진술인은 진술인의 아들 ○○○이 주식회사 ○○○○산업의 채무자이고 연대 보증인으로 되어 있는 ○○은행 ○○지점에서 대출받은 채무를 대위변제하였음을 알게 되었습니다.

그리하여 진술인은 진술인의 아들이 주식회사 ○○○○산업으로부터 돈을 받아야 하니 이 사건 약속어음을 아들에게 주어 구상금을 받게 해야겠다고 ○○○에게 말하였던바, ○○○은 그렇다면 하는 수 없죠 라고 말하면서 승낙을 했습니다.

진술인은 이 사건 약속어음을 아들인 ○○○에게 주었고, 아들은 거래은행에 지급제시 하였는데 고소인 ○○○이 이 사건 약속어음은 위·변조된 어음이라고 신고하였기 때문에 지급이 거절되었습니다.

(8) 진술인은 고소인 ○○○에게 찾아가 사고 신고한 것에 대하여 강력히 항의하였던바, 고소인은 부도를 내지 않기 위해서 부득이 사고 신고를 한 것이라고 말하였습니다.

5. 이 사건 고소가 무고 행위임에 관하여

이 사건 약속어음은 고소인 ○○○이 백지로 발행하여 ○○○에게 주었고, ○○○의 지시를 받은 ○○○에 의하여 금액과 지급기일을 각 보충 기재되었으며,

○○○이 배서를 한 후 신용보증기금에 견질로 주어졌다가 진술인 등이 연대보증을 서는 바람에 반환된 약속어음입니다.

한편, 고소인 ○○○도 이 사실을 잘 알고 있었습니다.

그럼에도 불구하고 결제자금이 없어 부도날 위기에 처하자 사고신고 담보금을 ○○은행에 보관시키지 않고 부도를 막기 위하여 허위의 사실이 기재된 고소장을 수사기관에 제출하고 그 고소장의 접수증명원을 첨부하여 고의적으로 사고신고를 하였던 것입니다.

따라서 이 사건은 고소인 ○○○이 무고죄로 처벌을 받을 사건이고, 진술인이 처벌을 받을 사건은 결코 아니므로 철저히 수사하여 고소인을 무고로 처벌하여 주시기 바랍니다.

소명자료 및 첨부서류

1. 증 제1호증   ○○은행 대출금 약정서

1. 증 제2호증   등기사항전부증명서

○○○○ 년 ○○ 월 ○○ 일

위 진술인(피의자) : ○ ○ ○   (인)

경상남도 양산경찰서장 귀중

(4)진술서 - 형사재판 중인 피고인이 검찰조사를 인정할 수 없다며 무죄를 주장하
　　는 법정진술서 최신서식

진　　술　　서

사　건　번　호 : ○○○○고단○○○○○호　사기

진술인(피고인) : ○　　　○　　　○

춘천지방법원 형사○단독 귀중

진 술 서

1.진술인

성 명	○ ○ ○	주민등록번호	생략
주 소	춘천시 ○○로 ○○길 ○○, ○○○호		
직 업	생략	사무실 주 소	생략
전 화	(휴대폰) 010 - 2389 - 0000		
대리인에 의한 진 술	□ 법정대리인 (성명 : , 연락처) □ 소송대리인 (성명 : 변호사, 연락처)		

    위 사람은 춘천지방법원 ○○○○고단○○○○호 사기 피고사건의 피고인으로서 법정진술에 갈음하여 다음과 같이 진술서를 제출합니다.

- 다 음 -

1. 피고인의 경력 및 가정환경 등

○ 피고인은 ○○○○. ○○. ○○. ○○여자고등학교를 졸업하고 회사원으로 2년간 근무하다가 ○○○○. ○○. ○○.현재의 남편 ○○○과 결혼하여 슬하에 2남 1녀를 두고 가사에 종사하여 왔을 뿐 직업을 가진 적 없고, 이 사건에서 언급되는 사건 이외에 고소를 하거나 고소를 당한 적이 없고, 또한 전과가 전혀 없습니다.

2. 고소사실과 관련된 주요사실관계

가, 피고인과 공소 외 ○○○ 및 동인의 처 ○○○과의 관계

◎ 피고인은 남편 ○○○과 학교 동창생인 남편과는 친하게 지내오던 ○○○으로부터 ○○○○. ○○. ○○.자신이 잘 알고 지내는 ○○○이라는 사람이 주택조합의 시행회사 조합장을 하고 있는데 ○○○이 아파트 분양권을 5채나 가지고 있는데 1채당 2억 원씩 매수하기로 계약을 체결하고 이때부터 6회에 걸쳐 모두 모두 1억 5천만 원을 ○○○에게 건네어 주었는데, 그가 피고인으로부터 받은 돈을 함부로 사사로이 써버려 피고인이 피해를 입게 된 사건이 있었습니다.

◎ 이에 대하여 후일 피고인은 고소를 하였고, ○○○○=은 유죄가 인정되고 피고인에게 전혀 피해변제를 하지 않아 징역 1년을 선고받고 복역을 하였습니다.

◎ 그런데 ○○○ 역시 ○○○에게 아파트 매매대금으로 돈 9,000만 원을 건네주어 이 돈을 변제 받지 못하는 피해를 입고 있었습니다.

나, 피고인과 ○○○이 공동 노력으로 채권가압류를 한 경위

◎ ○○○이가 피고인으로부터 고소당하여 ○○○○. ○○. ○○.구속되었을 때, 피고인은 ○○○이가 경기도 수원시 장안구 ○○로 ○○아파트 ○○○동 ○○○○호에 처 ○○○과 같이 거주하고 있음을 알게 되었는데 알아보니 전세를 살고 있는데 임차인이 ○○○으로 되어 있어, 전세보증금을 가압류할 수 없었습니다.

◎ 이러한 사실을 ○○○에게 말하니 ○○○은 자신은 ○○○ 명의의 예금구좌로 입금한 돈이 9,000만 원이나 되니, 이를 이용하여 가압류할 수 있는지를 알아보고 싶다고 말하기에 피고인이 법무사를 통하여 알아보았는데 가능하다는 대답을 듣고 이를 ○○○에게 알렸더니 ○○○은 그러면 가압류를 하면 ○○○을 소개한 도의적인 책임이 있으니, 피고인이 입은 피해도 변제 받을 수 있도록 협조하겠다는 말을 하였습니다.

◎ 그리고 피고인은 ○○○○. ○○. ○○. ○○○의 아내와 같이 법무사사무실로 가서 무통장입금 증 등 채권자를 ○○○, 채무자를 ○○○, 제3채무자를 ○○○으로 채권액 ○,○○○만 원으로 하는 채권가압류에 필요한 서류와 수수료를 주어 가압류신청을 의뢰하 였고, 동년 ○○.하순에는 채권자를 ○○○, 채무자를 ○○○, 제3채무자를 ○○○으로 채권액을 ○,○○○만원으로 하는 채권가압류신청에 필요한 서류와 수수료를 주어 가압류를 의뢰하였고, 두 건의 채권가압류결정이 있게 되었습니다.

다, ○○○ 피고인 및 ○○○ 3자간의 합의

◎ ○○○은 가압류를 신청할 때에 피고인에게 피해 변제를 받을 수 있도록 해 주겠다고 말을 한 바와 같이 고소인에게 자신이 가압류한 채권을 없었던 것으로 하고, ○○○에게 찾아가 ○○○이 반환받을 전세보증금 1억 원에 대하여 ○○○과 대화하여, 3자가 나누어 갖는 방법을 강구하자고 말하기에 피고인은 ○○○, ○○○의 처 ○○○ 및 피고인의 친정어머니와 같이 ○○○○. ○○. ○○. ○○○의 집에 찾아가서 ○○○이 ○

○○에게 찾아온 목적을 설명하여 ○○○을 설득한 결과, 채권가압류는 없었던 것으로 하고, ○○○이 반환받을 전세보증금 1억 원을 ○○○이가 4,000만원, ○○○이 3,000만원, 피고인이 3,000만원으로 나누어 갖기로 한다는 합의서를 작성하려고 말이 되어 가는 것을 보고, 피고인은 이에 대하여 강한 불만의 말을 하였더니, ○○○은 피고인을 옆방으로 불러 잘 알아서 처리해 줄 것이니 자신이 제안한 대로 합의를 하자고 말하기에 피고인은 ○○○에게 너무 심하게 대할 처지가 아니어서 동의하였고, 이 합의서에 각자 서명을 하였습니다.

◎ 그런데 합의서를 한 장만을 작성하여 이를 ○○○이 소지하고 있으므로 피고인은 이 사건을 조사 받으면서 제출할 수 없었습니다.

그러한 관계로 ○○○은 이러한 합의가 없었다고 검찰과 경찰에서 허위 진술을 하였습니다.

그러나 이러한 합의가 있었음은 사법경찰관리가 작성한 ○○○에 대한 진술조서를 살펴보면 충분히 알 수 있습니다.

◎ 사정이 이러하므로, 위와 같은 3자간의 합의에 따라 ○○○과 ○○○의 처 ○○○의 채권가압류는 사실상 효력을 상실하였던 것입니다.

라, 피고인이 ○○○으로부터 전세보증금 6,000만원의 반환채권을 양도받은 사실

◎ 피고인은 위와 같이 3자간에 합의하였으나, 합의할 때부터 매우 불만스러웠고, 이러한 불만이 합의 후에도 해소되지 않기에 ○○○○. ○○. ○○. ○○○에게 찾아가 ○○○이가 갖기로 한 4,000만원 중, 3,000만원을 피고인에게 달라고 요구하였더니, ○○○은 완강히 거절하였습니다.

◎ 그러나 피고인은 피해 입은 돈이 1억 5천만 원이나 되어 ○○○의 피해액 보다 배 가까이 되고, ○○○은 고소하지 않았음에도 불구하고 피고인이 고소하여 알게 된 채권을 피고인의 도움으로 가압류하였다는 사실,

그리고 피고인의 고소로 ○○○이가 구속되었기에 ○○○이가 피해변제를 하려고 하고 있다는 사실 등을 고려한 다면, 피고인은 억울하기 그지없기에, ○○○에게 끈질기게 요구하여 승낙을 받고, 채권양도·양수 계약을 체결하여 이를 공증 받았으며, ○○○은 ○○○에게 전세보증금반환채권 1억 원 중, 6,000만원을 피고인에게 양도하였음을 내용증명우편으로 채권양도사실을 통지하였습니다.

◎ 그리고 이건 양도통지서는 ○○○에게 송달되었습니다. 고소인은 송달받지 못하였다고 주장하고 있으나 아파트 경비실에서도 송달되었다는 사실을 인정하고 있습니다.

마, 피고인이 이 사건 주택에 ○○○과 함께 거주하게 된 경위

◎ 피고인의 남편은 ○○사원 주택에 가족들과 같이 거주하고 있습니다. 그런데 얼마 안 있어 정년퇴직을 하면 사원주택을 비워 주어야만 될 입장이었음에도 돈이 없어 이사 갈 집을 마련하지 못하여 아파트를 비워주지 못하게 되자 새로 이사 올 사람이 무척 채근하였고, 피고인의 사정을 잘 알고 있는 사람이 ○○○의 집이 ○○평이어서 ○○○과 같이 거주하여도 되지 않겠느냐고 제안하기에 그 생각이 좋겠다고 생각되어 피고인은 먼저 ○○○에게 상의한 결과 ○○○의 동의를 얻었고, 다시 고소인 ○○○에게 전화를 걸어 피고인의 사정을 말하면서 ○○○과 일시 동거하고 싶다고 말하니, 고소인 ○○○은 현재는 전세금이 1억 원이나 시세가 올라 1억 3천만 원을 받을 수 있으니, ○○○과 함께 거주하면서 바로 세놓고 세 얻을 사람이 들어오게 되면 집을 비워 달라고 하기에, 피고인은 틀림없이 그렇게 하겠다고 약속하고 ○○○○. ○○. ○○. ○○○이가 살고 있는 이 사건 주택에 이사를 들어가 함께 거주하게 되었습니다.

◎ 그리고 ○○○은 ○○○○. ○○. ○○.이사하면서 피고인으로부터 돈 1,000만원을 받고 아파트전세계약서 원본을 피고인에게 건네어 주었습니다.

바, 이 사건 주택의 현 세입자 ○○○와 전세계약 체결 등

◎ 피고인은 위와 같이 이 사건 주택에 이사와 ○○○과 같이 살고 있는 동
안 세놓아 달라고 부동산사무실에 의뢰하였더니 ○○○가 계약을 하자
하기에 고소인에게 연락이 와서 고소인과 ○○○이 전세계약을 체결하게
하고 고소인의 승낙을 받아 ○○○로부터 금 1억 원을 받았던 것입니다.

사, 피고인이 금 3,000만원을 ○○○에게 반환

◎ 피고인은 ○○○으로부터 돈을 받을 때까지는 분명 ○○○에게 돈 3,000
만원을 건네주겠다고 마음먹고 있었습니다.

◎ 그런데 이 돈을 받아 피고인의 집에 보관하고 있던 중, ○○○이 ○○○을
피고인에게 소개하여 주어 피고인이 막대한 경제적 손실을 입었으므로
이 손해에 대하여 ○○○은 도의적 책임뿐만 아니라 실제 배상할 책임이
있는 것은 아닌가라는 생각이 들어 궁리를 하다가 시간이 흘렀습니다.

◎ 그렇게 시일이 흐르다가 ○○○이 고소인에게 가압류권리를 주장하면서
돈을 내놓으라고 말하였고, 고소인이 피고인을 상대로 고소하게 되었습
니다.

◎ 피고인은 당초부터 ○○○에게 돈 3,000만원을 건네어 줄 마음이었으므
로 ○○○에게 돈을 주려고 하였으나, 주변 사람들이 ○○○에게 주는
것이 합당하다는 말에 따라 ○○○(고소인의 남편)에게 금 3,000만원을
무통장입금하여 반환하였습니다.

3. 공소사실에 대하여

가, 기망의 점에 관하여

◎ 공소장에는 피고인이 사실은 채권을 양도받은 사실이 있을 뿐임에도 피
해자 ○○○에게 가압류권자라고 말하여 피해자가 이 말에 속았다고 라

고 기재되어 있습니다.

◎ 그러나 피해자 ○○○은 가압류권자이다 라는 고소인의 말에 속은 것이 결코 아니고, 이미 피고인이 이 사건 주택에 이사를 하는 과정에서 피고인과 ○○○로부터 피고인이 어떤 사람이라는 설명을 충분히 들어 사전에 알고 있었습니다.

◎ 고소인과 임차인 ○○○이 전세계약을 체결 후에 고소인이 가압류권자라고 말하였기 때문에 이 말에 속았다고 하는 것은 그 전에 고소인이 누구인지를 몰랐다는 말과 같은 것이니 고소인 ○○○의 말은 허위임을 알 수 있습니다.

◎ 그리고 이 사건을 수사함에 있어 어떤 경위로 이 사건 주택에 피고인이 ○○○과 같이 거주하게 되었는가에 대한 수사가 전혀 이루어지지 않았습니다.

이 부분에 대하여 수사가 이루어졌다면 고소인이 피고인을 ○○○○. ○○. ○○. 이미 알게 되었고, 피고인이 채권양수인 이라는 사실을 잘 알고 있었음이 밝혀졌을 것입니다.

◎ 고소인 ○○○은 두 건의 가압류결정문을 송달받았다고 진술하면서도 자신이 살고 있는 아파트의 경비실까지 채권양도통지서를 송달받은 사실을 기억하고 있는데 송달을 받지 못했다고 주장하고 있습니다.

◎ 따라서 고소인의 채권자들이 한 두 건의 가압류채권액이 7,000만원이고 이를 피고인이 채권양수를 받고 채권자들이 채권양도통지서를 고소인에게 송달하여 그 무렵 고소인에게 양도통지서가 송달되었으므로 피고인이 전세보증금 1억 원을 ○○○으로 교부받아 7,000만원을 공제한 나머지는 고소인의 남편인 ○○○에게 송금하여 반환한 것입니다.

◎ 피고인이 짐작하건데 피고인이 이 사건 당시 가압류와 채권양도의 개념을 잘 몰라 두 가지가 비슷하다고 생각하였듯이 고소인 ○○○도 피고인

과 같은 생각을 하였을 것으로 봅니다.

◎ 고소인이 채권가압류 이후에 이루어진 채권양도는 전혀 효력이 없음을 알았더라면 피고인을 이 사건 주택에 들어와 살게 허락을 하지 않았을 뿐만 아니라 피고인에게 돈 1억 원을 임차인으로부터 받아가도 좋다고 승낙을 결코 하지 않았을 것입니다.

◎ 그러므로 고소인 ○○○은 ○○○으로부터 변제독촉을 받고 나서야 이러한 법률을 몰라서 실수한 것으로 한탄을 하면서 피고인을 억지로 만회하기 위하여 피고인에게 사기 당하였다고 허위 고소를 하게 된 것으로 사료됩니다.

나, 피고인이 채권을 양도받은 사실이 있을 뿐이라는 점에 관하여

◎ 이 사건 검사는 공소 외 ○○○이 피고인 및 ○○○이 3자간의 ○○○과 피고인이 각 3,000만원씩을, ○○○이가 4,000원으로 나누어 갖기로 합의한 사실을 강력부인한 진술을 받아 들여 이러한 합의가 없는 것으로 인정하였습니다.

◎ 그러나 위에서 말씀드린 것과 같이 ○○○도 피고인의 진술처럼 3자 간의 합의가 있었다고 진술하였습니다.

◎ 그렇다면 ○○○의 진술은 고소인과 짜고 거짓진술 한 것입니다.

◎ ○○○은 피고인의 도리에 어긋난 처신으로 인하여 피고인으로부터 돈 3,000만원을 변제 받은 사실조차 들은 바 없다가 뒤 늦게 알게 되어 피고인에게 화내는 것이 당연하다고 인정하겠으나, 그렇다 하여 사실이 아닌 것을 사실인 양 주장하는 것은 정말 잘못입니다.

◎ 그리고 자신의 이해관계가 있어 중요한 부분에 관하여 허위 진술하고 있으니 ○○○의 진술은 한마디로 신빙성이 없다 할 것입니다.

4. 맺는 말씀

○ 피고인이 ○○○에게 도리에 어긋난 행동을 한 것은 잘못이나, 결코 고소인 ○○○을 속인사실은 추호도 없습니다.

○ 피고인은 정말 억울합니다.

○ 피고인의 억울함을 충분한 심리로 무고함을 밝혀 주시기 바랍니다.

○○○○ 년 ○○ 월 ○○ 일

위 진술인(피고인) :　○　○　○　　(인)

춘천지방법원 형사○단독 귀중

(5)진술서 - 고소인 임의진술서 담당 조사관에게 사실관계를 진술하고 수사촉구하
    는 진술서 최신서식

진 술 서

진 술 인(고소인) : ○   ○   ○

00경찰서 000 조사관 귀중

진 술 서

1.진술인(고소인)

성 명	○ ○ ○	주민등록번호	생략
주 소	대전시 ○○구 ○○로 ○○길 ○○, ○○○호		
직 업	생략	사무실 주 소	생략
전 화	(휴대폰) 010 - 7768 - 0000		
대리인에 의한 진 술	□ 법정대리인 (성명 : , 연락처) □ 소송대리인 (성명 : 변호사, 연락처)		

　　위 사람은 ○○경찰서 경제팀 ○○○ 수사관이 수사 중에 있는 피고소인 ○○○에 대한 강제집행면탈 등의 고소사건의 고소인으로서 다음과 같이 고소인 임의진술서를 제출합니다.

- 다 음 -

(1) 피고소인 ○○○이 주식회사 ○○리조트 인수

피고소인 ○○○은 주식회사 ○○리조트(앞으로는 "골프장"으로 줄여 쓰겠습니다)를 설립한 ○○○으로부터 ○○○○. ○○. ○○. 자신이 사주이면서 현재 대표이사로 있는 ○○에너지 주식회사(이하 "○○에너지"라고만 하겠습니다)와 주식회사 ○○수경스틸(이하 "○○수경스틸"라고만 하겠습니다)의 자금으로 인수하여 실질적인 회사업무를 총괄하는 등 자금관리업무에 종사하던 일명 회장으로 행세하던 사람인데 현재는 골프장인수와 관련하여 공문서위조 등으로 구속되어 ○○교도소에 수감 중에 있습니다.(증 제1호증의 골프장 인수관련 계약 참조)

(2) 피고소인 ○○○이 고소인에게 약속어음 550,000,000원 발행

피고소인 ○○○은 위 골프장의 인수대금으로 ○○○○. ○○. ○○. 자신의 사무실에서 위 골프장의 설립자인 ○○○ 등이 입회한 자리에서 고소인에게 ○○○이가 골프장의 인수법인으로 내세운 ○○수경스틸이 발행하고 ○○에너지와 골프장이 각 배서하고 교부한 지급일자 ○○○○. ○○. ○○.로 된 약속어음 금 550,000,000원을 교부했는데 위 약속어음은 지급기일 이전인 ○○○○. ○○. ○○. 부도처리 되었습니다.(피고소인 ○○○이 고소인에게 교부한 약속어음 사본 참조)

위 약속어음은 지급기일 이전인 ○○○○. ○○. ○○.부도처리 되어 고소인은 위 약속어음의 발행인 ○○수경스틸과 배서인 경인에너지와 골프장을 상대로 ○○○○. ○○. ○○. ○○지방법원 ○○○○차○○○○호로 지급명령을 신청하여 골프장은 확정되었고, ○○수경스틸과 ○○에너지는 이의신청을 하여 ○○○○. ○○. ○○. ○○지방법원 ○○○○가단○○○○호로 ○○○○. ○○. ○○. 고소인이 모두 승소판결을 받고 동 판결은 그 무렵 확정되었습니다.(약속

어음에 대한 지급명령결정 및 판결문 참조)

(3) 금전채권이행 면탈 및 강제집행 면탈

고소인은 위 골프장을 설립한 ○○○을 통해 골프장에 많은 돈을 빌려주고 회수하지 못하고 있었는데 ○○○○. ○○. ○○. ○○○으로부터 연락을 받고 약속장소인 ○○시 ○○구 ○○로 ○○○의 ○○호 소재 피고소인 ○○○의 사무실에서 골프장의 인수자인 피고소인 ○○○을 처음 만났는데, 피고소인 ○○○은 고소인이 ○○○○. ○○. ○○. 현재 골프장에 대하여 가지고 있는 채권원금 500,000,0 00원과 이자 50,000,000원을 포함하여 총 550,000,000원을 승계하는 조건으로 인수하기로 하였다고 하면서 고소인에게 골프장 인수관련 계약서도 복사하여 교부하고 위 금액에 대하여 ○○○○. ○○. ○○.인수법인인 ○○수경스틸이 액면금 550,000,000원, 지급기일 ○○○○. ○○. ○○.인 약속어음을 발행하여 골프장에게 교부하였고, 그 즉석에서 인수법인인 ○○에너지가 배서하고 고소인에게 교부하였으나 위 약속어음은 지급기일 이전인 ○○○○. ○○. ○○.부도되어 지급이 거절되었습니다.

그런데 피고소인 ○○○은 고소인에게 교부한 위 약속어음의 지급기일이 ○○○○. ○○. ○○.인데 골프장의 인수관련 계약서에 인수법인인 ○○수경스틸은 고소인에게 위 약속어음을 발행한 채무자이고, ○○에너지는 배서한 채무자로서 고소인에 대한 위 약속어음의 채무를 면탈할 목적으로 골프장의 클럽하우스 건물에 자신이 사주이고 현재 대표이사로 있는 ○○○산업 주식회사(이하 "○○○산업"으로 줄여 쓰겠습니다)를 ○○○○. ○○. ○○.골프장의 주소지로 지점을 설치하고 끌어들여 ○○○○. ○○. ○○.매매계약을 체결하고, 그 다음 날인 ○○○○. ○○. ○○.소유권이전등기청구권가등기를 해놓고 ○○○○. ○○. ○○.에는 골프장에 대한 경영권을 ○○○산업에게 무상으로 위탁경영계약을 체결해 빼돌려놓고 고소인에게 발행한 위 약속어음은 지급기일 이전인 ○○○○. ○○. ○○.고의적으로 부도낸 것입니다.(가등기된 등기사항전부증명서,

골프장을 무상으로 넘겨준 위탁경영계약서 각 참조)

또한 피고소인 ○○○은 개인적으로 골프장에 막대한 자금을 지원할만한 능력이 전혀 없음에도 불구하고 인수법인인 ○○에너지의 자금으로 골프장을 인수한 것인데 마치 자신이 금 ○○억 원을 골프장에 대여한 채권자인 것처럼 ○○○○. ○○. ○○.에 골프장을 채무자로 하여 허위로 약속어음을 발행하고 공증인가 법무법인 ○○에서 ○○○○. ○○. ○○.제○○○호로 공정증서로 작성하고 고소인이 신청한 ○○지방법원 ○○지원 ○○○○타경○○○○호 부동산강제경매사건에 권리신고 및 배당요구신청서를 제출하였고, ○○○○. ○○. ○○.에는 골프장의 클럽하우스 건물에 자신이 골프장에 돈을 빌려준 사실이 전연 없음에도 자신의 이름으로 채권최고액 금 ○○억 원의 근저당권을 몰래 설정해놓고 있다가 자신이 사주이고 대표이사로 있는 ○○○에너지 주식회사(이하 "○○○에너지"라고만 하겠습니다)에게 ○○○○. ○○. ○○. 위 근저당권을 확정채권양도를 원인으로 이전한 것은 고소인에 대한 위 약속어음의 강제집행 내지는 금전채권이행을 면탈할 목적으로 빼돌린 것입니다.(피고소인 ○○○이 골프장의 채무를 허위로 작성한 어음공정증서, ○○○이가 개인적으로 근저당권을 설정해 놓고 바로 ○○○에너지에게 이전한 등기사항전부증명서 각 참조)

따라서 피고소인 ○○○은 고소인에게 위 약속어음 ○억 원을 ○○○○. ○○. ○○.지급하고 골프장의 인수법인 ○○에너지와 ○○수경스틸의 명의로 골프장을 취득한다는 전제하에 걱정하지 말라고까지 하면서 ○○○○. ○○. ○○.체결한 골프장 인수관련 계약서를 스스로 복사하여 교부하는 등 고소인을 안심시켜놓고 진정 골프장을 인수한 후에는 인수법인들이 고소인에게 위 약속어음금에 대한 채무를 부담하고 있기 때문에 이를 면탈하기 위해 ○○에너지와 ○○수경스틸은 제외시켜놓고 골프장에 대한 일체의 권리는 자신이 사주이고 대표이사로 있고 골프장의 인수당사자가 아닌 ○○○산업에게 소유권이전등기청구권가등기를 마쳐주어 인수법인의 재산을 빼돌려놓고, 골프장을 무상으로 운영하게 하는 위탁경영계약을 체결하였고, 자신은 골프장에 돈을 빌려줄 능력이 없으면서 돈을 빌려준 것처럼 골프장으로 하여금 ○○억 원의 약속어음을 허위로 작성하고 소지하고 있다가 공정증서로 작성하여 배당요구신청서를 제출하였고, 자신의 이름으로 골프장에 돈을 빌려줄 능력이 없음에도 무려 ○○억 원을 빌려준 것으로 근저당권을 설정해놓고 있다가 자신이 사주이고 현재 대표이사로 있는 ○○○에너지에게 위 근저당권을 확정채권양도를 원인으로 이전한 것은 골프장의 재산이 인수법인인 ○○에너지와 ○○수경스틸과 골프장의 법인재산인데 피고소인 ○○○은 인수법인재산을 개인 명의로 어음공정증서로 작성하여 골프장에 대한 채권을 취득하여 빼돌렸으며, 근저당권도 몰래 설정해놓고 있다가 자신이 사주이고 대표이사로 있는 다른 ○○○에너지에게 이전하여 빼돌렸고, ○○○산업에게는 소유권이전등기청구권가등기를 마쳐주어 빼돌린 것은 고소인에 대한 위 약속어음에 대한 금전채권이행을 면탈 내지는 강제집행을 면탈할 목적으로 인수법인의 전 재산을 빼돌린 것이므로 피고소인 ○○○을 철저히 수사하여 엄벌에 처하여 주시기 바랍니다.

2. 소명자료 및 첨부서류

(1) 증 제1호증   골프장 인수관련 계약서

(2) 증 제2호증   약속어음 사본

(3) 증 제3호증   약속어음에 대한 판결 등

(4) 증 제4호증   등기사항전부증명서

(5) 증 제5호증   위탁경영계약서

(6) 증 제6호증   ○○○에 대한 어음공정증서

(7) 증 제7호증   명함

○○○○ 년 ○○ 월 ○○ 일

위 진술인 : 0 0 0   (인)

○○경찰서 ○○○ 조사관 귀중

(6)진술서 - 사기죄 고소사건의 피고소인이 억울한 사정을 경찰서에 제출하는 임의
　　　진술서 최신서식

진　술　서

　　　진　술　인(피고소인) :　○　　　○　　　○

경상남도 충무경찰서장 귀중

진 술 서

1.진술인

성　명	○ ○ ○	주민등록번호	생략
주　소	충무시 ○○로 2길 ○○, ○○○-○○○호		
직　업	종업원	사무실 주　소	생략
전　화	(휴대폰) 010 - 9087 - 0000		

　위 사람은 충무경찰서에 ○○○○. ○○. ○○. 제출한 고소사건에 대하여 피고소인으로서 다음과 같이 임의진술서를 제출합니다.

- 다 음 -

(1) 고소인과의 관계

피고소인은 고소인과 ○○○○. ○○. ○○.부터 잘 알고 지내던 사이입니다.

(2) 피고소인의 고소인에 대한 채무

피고소인은 친구들과 어울리면서 고소인으로부터 조금씩 돈을 빌려 사용하였는데 그 것이 합하여 고소인에게 지급하여야 할 돈은 약 700만원입니다.

피고소인은 고소인으로부터 돈을 빌리고 갚고를 반복하던 중 피고소인이 현장에서 일을 하다가 떨어지는 사고로 1년이 넘도록 병원에서 치료를 하느라 고소인에게 연락을 하지 못했던 것은 사실이나 고의적으로 고소인과의 연락을 끊은 것은 아닙니다.

돈을 빌리면서 이자는 월 3부로 쳐서 지급하였으며 피고소인은 고소인에게 위 차용금을 변제하려고 주간에는 충무김밥 집에서 일을 하고 야간에는 대리기사를 하였지만 사고를 당하는 바람에 원금도 이자도 지급하지 못하게 된 것입니다.

(3) 변제계획

설상가상으로 피고소인이 퇴원하여 식당에서 일을 하다가 유리창이 깨지면서 손을 크게 다쳐 지금도 치료를 받고 있는 입장에서 일을 하지 못해 고소인의 돈을 갚지 못하고 있습니다.

고소인을 최근에 만나 곧 손이 완쾌되면 원금과 이자를 지급하겠다며 조금만 기다려 달라고 호소하였습니다.

피고소인은 머지않아 손이 완쾌되어 다니던 식당에서 일을 하면 충분히 고소인의 돈은 3개월 안에 원리금을 모두 갚을 수 있습니다.

(4) 고소인의 주장

고소인은 피고소인이 돈을 빌리더라도 갚을 의사와 능력도 없으면서 계획적으로 고소인의 돈을 편취하려 했다는 주장은 부당합니다.

이유야 어찌되었건 고소인의 돈을 변제하지 못한 것은 저의 불찰이자 잘못이지만 갑자기 사고를 당해 병원에서 치료를 받느라고 연락을 하지 못했던 것이라 고소인에게 죄송하고 미안할 뿐입니다.

(5) 결어

피고소인은 지금부터 식당에서 일을 하고 야간에는 대리기사로 돈을 벌면 고소인에게 빌린 돈은 3개월만 시간을 주시면 모두 갚을 뜻이 있습니다.

2.소명자료 및 첨부서류

(1) 진단서   1통

(2) 입원증명서   1부

(3) 진술인에 대한 인감증명서   1통

○○○○ 년 ○○ 월 ○○ 일

위 진술인 : 0 0 0   (인)

경상남도 충무경찰서장 귀중

(7)진술서 - 고소인이 사기로 고소한 공범자도 처벌해 달라고 구체적으로 진술하는
　　　 진술서 최신서식

진　술　서

사 건 번 호 : ○○○○형제○○○○호 사기 등

진술인(고소인) : ○　　○　　○

광주지방검찰청 ○○○검사 귀중

진　술　서

1.진술인

성　명	○ ○ ○	주민등록번호	생략
주　소	광주시 ○○구 ○○로 ○○길 ○○, ○○○호		
직　업	생략	사무실 주　소	생략
전　화	(휴대폰) 010 - 4567 - 0000		
대리인에 의한 진　술	□ 법정대리인 (성명 :　　,　　　연락처　　　　　) □ 소송대리인 (성명 : 변호사,　　연락처　　　　　)		

　위 사람은 광주지방검찰청　○○○○형제○○○○호 사기 등 고소사건에 대하여 고소인 임의진술서를 다음과 같이 제출합니다.

- 다 음 -

1. 피의자 ○○○에 대하여

○ 진술인이 작성하여 제출한 진정서, 고소장, 항고장 등에서 이미 여러 차례에 밝힌바와 같이 피의자 ○○○은 아래와 같은 거짓말을 하여 사실은 악랄한 사람임에도 진술인에게는 매우 훌륭한 인격과 능력 그리고 재력을 가진 사람으로 믿게 만들었고, 진술인은 피의자 ○○○의 말을 액면 그대로 믿었기 때문에 막대한 피해를 입었습니다.

- 아 래 -

(1) 사실은 ○○대학교 부설 평생교육원에서 ○○주 과정을 이수한 자임에도 불구하고 진술인에게는 ○○대학교를 졸업했다고 거짓말을 하였습니다.

(2) 피의자는 가진 재산이 없고, 도피생활을 하고 있음에도 ○○○에 있는 ○○○평에 가까운 최고급빌라를 보증금 ○○억 원을 주고 임차해 화려한 외제 가재도구와 외제 의류로 집안을 장식해놓아 많은 재산을 가진 부자인 양 허장성세를 하였습니다.

(3) 부평구 소재에 있는 ○○○교회에 몇 달간 다닌 적이 있을 뿐임에도 진술인에게 ○○○에 있는 ○○○교회에 다니고 있고, 장로 직분을 가지고 있다는 거짓말을 하였습니다.

(4) 사실은 ○○화재해상보험사에서 수당을 받는 영업직원에 불과하면서 진술인에게 ○○패션회사에 디자이너 신분으로 이사로서 대우를 받으면서 연봉을 무려 ○억 원을 받고 있다고 거짓말을 하였습니다.

2. 공범자임이 인정됨에 대하여

○ 아래와 같은 사실들과 사건의 진행 과정을 종합고찰하면 피의자 ○○○은 이미 기소되어 있는 ○○○과 공모 결탁하여 진술인을 기망하여 진술인으로부터 차용금 명목으로 금 ○억 ○,○○○만 원을 편취하였음을 인정할 수 있습니다.

- 아 래 -

(1) 진술인으로부터 돈을 빌린 ○○○에 대하여 전혀 몰랐으므로 ○○○의 말보다는 피의자 ○○○의 말을 더 믿었기 때문에 돈을 빌려주었다는 점입니다.

(2) 평소 피의자 ○○○은 ○○○이 경영하던 주식회사 ○○패션디자인에서 이사직으로 근무하면서 연봉을 무려 ○억 원을 받고 있다고 말하였습니다.

(2) 진술인은 위 ○○패션디자인 회사에 찾아가 ○○○을 처음으로 만나 잠시 대화를 나누고 바로 그 자리에서 1억 원을 빌려주었습니다.

(3) 그리고 이때 피의자 ○○○이 사용하는 방이 ○○○이 사용하는 방보다 월등 더 크고 집기도 좋아, 피의자 ○○○이 평소 진술인에게 말하였던 것이 사실이라고 믿었고, 그러하기에 ○○○에게 돈을 빌려주도록 진술인에게 권할 수 있는 사람이라고 생각하였기 때문에 진술인이 돈을 빌려주었다는 점(피의자 ○○○이 수석디자인이 아니라면 ○○○의 방보다 큰방을 사무실로 사용하였는지 고소인을 속이기 위하여 잠시만 사용하게 하였는지 등 면밀하게 수사할 필요가 있고, 이 점을 철저히 규명하시면 암묵적인 공모를 인정할 수 있습니다)

(4) 피의자 ○○○은 진술인이 ○○○에게 빌려준 돈 중, 5,000만 원을 수당 명목으로 받아 편취한 돈을 나누어 가졌다는 점입니다.

(5) 피의자 ○○○은 사실은 ○○○이 경영하는 회사에 대한 내막을 자세히

모르면서도 진술인에게 돈을 빌려주도록 권하였음이 사실이라면 피의자 ○○○은 진술인이 ○○○에게 돈을 빌려준 후 변제 받지 못할 수도 있을지도 모른다는 생각을 가지면서 자신이 빌린 돈 중에서 수당으로 5,000만 원을 받을 욕심으로 돈을 빌려주라고 말 하였으니 미필적 고의가 있음을 인정할 수 있다는 점입니다.

(6) 피의자가 진술인이 ○○○에게 돈을 빌려주도록 적극 권한 것이 진술인이 피해를 입은 주된 원인임에도 불구하고 피의자 ○○○은 수사기관에서 진술함에 있어 진술인이 피해를 입은 것과 피의자와는 아무런 관련이 없다고 거짓진술을 하였다는 점입니다.

3. 엄벌의 필요성

○ 피의자 ○○○은 평소에도 거짓말을 밥 먹듯이 하기 때문에 진술인 이외에도 나타나지 않은 수많은 피해자가 있음을 충분히 추론할 수 있습니다.

○ 피의자 ○○○은 일정한 주거지가 없고 찜질방에서 자주 기거하고 주민등록이 무단 전출로 인하여 이미 말소되어 언제 도망할지 모릅니다.

○ 숨겨놓은 재산이 있을 뿐 겉으로 나타나는 재산이 없어 피해 변제를 전혀 받을 길이 막연합니다.

○ 피의자는 전혀 반성하지 않으면서 범행을 부인하고 있습니다.

○ 피해 배상을 전혀 하지 않고 있습니다.

○ 위와 같이 피의자 ○○○은 엄벌을 받아 마땅하고, 주거가 일정하지 않아 도주의 위험이 있고, 범행을 부인하고 있으므로 증거인멸의 우려가 있으므로 피의자 ○○○을 구속 수사할 필요가 있습니다.

소명자료 및 첨부서류

1. 차용증서 사본   1부

1. 각서 사본   1부

○○○○ 년 ○○ 월 ○○ 일

위 진술인(고소인) :   ○ ○ ○   (인)

광주지방검찰청 ○○○검사 귀중

(8)진술서 - 교통사고진술서 사고가 발생한 경위를 기재하여 경찰서에 제출하는 진
     술서 최신서식

진 술 서

진 술 인(목격자) : ○   ○   ○

주 ○○경찰서장 귀중

진 술 서

1.진술인

성 명	○ ○ ○	주민등록번호	생략
주 소	광주시 ○○구 ○○로 3길 ○○, ○○○-○○○호		
직 업	회사원	사무실 주 소	생략
전 화	(휴대폰) 010 - 9876 - 0000		

　　상기 진술인은 ○○○○. ○○. ○○. 14:40경 광주시 ○○구 ○○로길 ○○, 소재 농협은행 앞에서 발생한 교통사고에 관하여 사실 그대로 다음과 같이 진술합니다.

- 다 음 -

저는 ○○○○. ○○. ○○. 13:30경 친구의 결혼식에 다녀오던 중, ○○지하차도를 통과하자마자 신호등에 정차 된 차량들을 보고 깜짝 놀라서 급브레이크를 밟고 비상깜박이를 눌렀어요. 차선을 2차선으로 바꿀까 생각하면서 마음이 불안했습니다.

그리고 백미러를 보니 큰 트럭이 달려오면서 멈추지 않더군요. "어~ 트럭이 멈추지 않고 내 차를 향해 온다면 이건 죽는 구나 ~!"라는 두려움과 차를 뺄 수 없는 정차된 현장의 상황에 어찌할 바를 몰랐습니다.

그리고 트럭은 제 차를 박았지요. 바로 직행이었다면 죽었겠지만 트럭운전사가 다행히 중앙분리대에 일부러 멈추게 세웠다는 얘기를 사고 후에 들었습니다.

전 다행히 트럭이 멈추지 않고 내려오는 것을 목격하고 긴장감으로 자세를 취한 상태여서 크게 다치진 않았습니다. 가까운 병원에 방문하여 '목이 뻐근하고 왼쪽 무릎이 약간 아픈 듯'해서 사진촬영을 후 물리치료를 받을 생각입니다.

집이 광주이다 보니 목요까지는 고객과의 약속 때문에 금요일에 집근처에서 치료를 받을 계획으로 아직은 보류 중에 있습니다.

입원치료중이지 않아도 광주경찰서에서 사건경위를 조사하는데 참고가 되리라 믿고 진술서를 작성해서 보냅니다.

여성운전자로서도 느끼는 ○○지하차도의 위험성을 온 몸으로 경험한 사건이었습니다. 죽을 수도 있었던 대형트럭의 멈추지 않은 질주모습을 4번째 차량(앞차순서대로)의 운전자였던 제가 걱정되는 부분이 있습니다.

○○지하차도의 내리막길의 위험도와 내리막길이 끝나면 바로 사거리신호등(3거리인가요?)이 기다리고 있다는 점, 수많은 사고가 날 수 있는 그런 도로체계를 갖추고 있습니다.

더 큰 사건사고가 나기 전에 그런 위험도로의 문제점을 해결해 주시길 광주경찰서에서 사고경위 접수 후 광주시청과 협력하시길 바랍니다.

이번 5중 추돌사고만이 아닐 듯싶습니다. 그 장소에서 이 사건 외에 더 많은 사고가 있었을 것이라 생각됩니다.

새로 뚫린 도로가 광주시민을, 국민의 편의를 도모하기위한 목적이 아니었을까요? 그런데 사고의 도로, 죽음의 도로, 불안한 도로가 된다면 안 되겠지요. 위험도가 높은 그 도로의 문제점을 속히 해결할 수 있는 대책이 절실히 필요함을 느꼈습니다.

어쨌든 대형트럭이 멈추지 않고 달려오는 모습을 백미러로 지켜보면서 사고를 예상했던 저로서는 맨 뒤에 있어서 가능했었고, 그래서 사건경위서를 정확하게 작성할 수 있는 입장이기도 하여 천만다행입니다.

빨간 신호 앞에 정차된 운전자의 불안함, 핸들을 두 손으로 잡고, N에 변속기를 두고, 두려움을 안고, 브레이크를 밟고 있는 상황 속을 그림으로 한번 그려 보십시오. 신호를 기다리는 차를 대형트럭이 와서 그냥 받았으니까요!

사고현장에서 음주측정, 사고내용을 메모하신 경찰관(?)의 신속한 대처와 친절에는 감사드립니다.

정확한 사고조사와 피해차량들의 손해부분에 도움이 되어 주시길 바랍니다.

소명자료 및 첨부서류

1. 인감증명서   1통

○○○○ 년 ○○ 월 ○○ 일

위 진술인 : ○ ○ ○   (인)

광주 ○○경찰서장 귀중

(9)진술서 - 고소인이 진술서를 통하여 피고소인의 범죄사실을 구체적으로 작성하
여 제출하는 진술서 최신서식

진　술　서

사 건 번 호 : ○○○○형제○○○○호 사기죄

진술인(고소인) : ○　　○　　○

부산지방검찰청 ○○○검사 귀중

진 술 서

1.진술인

성 명	○ ○ ○	주민등록번호	생략
주 소	부산시 ○○구 ○○로 ○○길 ○○, ○○○호		
직 업	생략	사무실 주 소	생략
전 화	(휴대폰) 010 - 7843 - 0000		
대리인에 의한 진 술	□ 법정대리인 (성명 : , 연락처) □ 소송대리인 (성명 : 변호사, 연락처)		

위 사람은 부산지방검찰청 ○○○○형제○○○○호 사기죄 고소사건에 대하여 고소인 임의진술서를 다음과 같이 제출합니다.

<h1 align="center">- 다 음 -</h1>

1. 이 사건의 실체 및 피고소인의 범죄사실

가. 당사자 관계

○ 고소인은 주식회사 ○○○○(다음부터"이 사건 회사"라고만 하겠습니다.)의 실질적인 사주였고, 피고소인 ○○○은 고소인으로부터 이 사건 회사의 주식 ○○%와 경영권을 인수대금 ○억 원에 매수한 자로서 ○○○○. ○○. ○○.이 사건 회사에 대표이사로 취임한 후 현재는 사내이사입니다.

나. 이 사건 회사주식 ○○%인수

(1) 고소인은 지인으로부터 피고소인을 ○○○○. ○○. ○○.소개받아 알게 되었는데 피고소인이 이 사건 회사를 ○○○○. ○○. ○○.현 상태 그대로 금 ○억 원에 인수하기로 하고 인수대금 ○억 원 중, 약 ○억 원에 대해서는 이 사건 회사의 주식을 ○○%를 소유하고 있는 주주 ○○○, 같은 ○○○, 같은 ○○○에게 피고소인이 직접 주식인수대금을 송금하여 ○○%의 주식을 취득하고, 피고소인이 취득한 주식 ○○%중, 자신이 대표이사로 취임하기 위해 ○○%의 주식을 보유하고 나머지 ○○%의 주식은 그의 아들인 고소 외 ○○○이 취득하여 이 사건 회사를 운영하고, 나머지 인수대금 ○억 원은 ○○○○. ○○. ○○.지급하기로 약속하면서 편의상 채권자는 고소인의 처 ○○○으로 주 채무자는 피고소인 ○○○의 연대보증인은 고소 외 ○○○으로 하여 금전소비대차계약을 체결하고 공증하여 교부받고 이 사건 회사를 넘겨주게 되었습니다.

다. 계약불이행에 따른 사기

(1) 피고소인은 위와 같이 이 사건 회사를 넘겨가면서 고소인에게 이 사건 회사의 경영에 일절 간섭하지 않기로 하는 포기각서를 요구하여 고소인으

로서는 위 법인에 대한 인수대금 ○억 원을 지급받기 전에는 해줄 수 없다고 하자 피고소인은 자신이 대표이사를 하기 위해 이 사건 회사의 인수주식 ○○% 중, 자신이 ○○%의 주식을 취득하고 나머지 ○○%의 주식을 금전소비대차계약공정증서에 연대보증인으로 되어 있는 아들인 고소외 ○○○의 명의로 주식을 취득하겠다며 만약 인수대금 ○억 원을 지급하지 않을 경우 바로 금전소비대차계약공정증서에 기하여 주식을 강제집행을 하면 이 사건 회사를 바로 돌려받을 수 있지 않느냐고 해서 고소인은 피고소인의 약속을 믿고 피고소인의 요구대로 인수대금 ○억 원을 1년 뒤에 받기로 하고 일절 경영에 간섭을 하지 않겠다는 포기각서를 작성하고 인증하여 피고소인에게 교부하였고, 이에 피고소인은 ○○○○. ○○. ○○.이 사건 회사의 대표이사로 취임하였습니다.(참고로 피고소인은 고소인을 횡령혐의로 고소를 제기한 직후 대표이사를 사임하고, 현재는 사내이사로 등재해 놓았습니다. 쉽게 말하자면 다해먹고 버렸다는 것입니다.)

(2) 그러나 피고소인은 이 사건 회사의 인수대금 금 ○억 원의 금 전소비대차계약공정증서의 지급기일인 ○○○○. ○○. ○○.이 다가오자 금 ○억 원을 지급하지 않으려고 고소인에게 터무니없는 혐의를 뒤집어씌워 업무상횡령죄로 고소한 후(부산지방검찰청 ○○○○형 제○○○○호 사건) 아직까지 이 사건 회사 인수대금 ○억 원을 지급하지 않고 있습니다.

(3) 피고소인 ○○○의 계약불이행에 따른 사기행각은 다음과 같습니다.

연 월 일	내　　용	비　　고
2012. 3. 6.	이 사건 주식 양수도 계약 체결	
	주식인수대금 중 0억 원 직접지급	
	잔금 4억 원에 관하여 금전소비대차계약체결	공정증서 참조
2012. 3.20.	피고소인 000 대표이사 취임	법인등기부등본참조
2013. 3. 5.	당초 잔금 0억 원 지급 약정일	
2013. 5. 3.	2013.5.20.까지 잔금 0억 원 지급하기로 약속	
2013. 5.20.	잔금 지급의무 불이행(나타나지도 않음)	

2013. 5.28.	2013.6.10.까지 잔금 0억 원 지급하기로 약속	
2013. 6.10.	잔금지급의무불이행(돈을 가지고 오지 않음)	

2. 사기죄의 성립

가. 사기죄에 대한 기망의 의미

(1) 사기죄의 요건으로서의 기망이란 널리 재산상의 거래관계에 있어서 서로 지켜야 할 신의와 성실의 의무를 저버리는 모든 적극적 또는 소극적 행위를 말하는 것으로서, 반드시 법률행위의 중요 부분에 관한 허위표시임을 요하지 아니하고, 상대방을 착오에 빠지게 하여 행위자가 희망하는 재산 처분행위를 하도록 하기 위한 판단의 기초가 되는 사실에 관한 것이면 충분하다는 것이 대법원의 입장입니다[1].

(2) 피고소인은 이 사건 회사를 인수할 당시 자신이 이 사건 회사의 주식 ○○% 중 ○○%를 보유해야만 대표이사로 취임할 수 있으므로, 자신이 이 사건 회사 주식 ○○%를 취득하기로 하고, 나머지 ○○%는 자신의 아들인 고소 외 ○○○의 명의로 하겠다고 약속을 하는 바람에 고소인은 피고소인이 인수대금 ○억 원을 지급하지 않으면 피고소인의 주식 ○○%와 연대보증인 고소 외 ○○○의 ○○%를 금전소비대차계약공정증서로 강제집행하여 이 사건 회사의 주식과 회사를 도로 찾아 올 수 있다는 생각으로 인수대금 ○억 원을 1년 뒤에 받기로 하고, 이 사건 회사의 경영에 일절 간섭하지 않겠다는 포기각서까지 작성하여 피고소인에게 교부하였던 것인데, 위 금전소비대차계약공정증서에 대한 인수대금 ○억 원의 지급일자가 훨씬 지났음에도 피고소인과 연대보증인인 고소 외 ○○○이 위 인수대금 ○억 원을 지급하지 않아 고소인이 피고소인과 연대보증인 고소 외 ○○○에 대한 재산을 파악해 보았는데 피고소인은

---

1) 대법원 2004. 4. 9. 선고 2003도7828 판결 참조

고소인을 속이고 고소인과의 약속과는 달리 이 사건 회사의 주식 ○○%를 모두 금전소비대차계약공정증서에 대한 지급기일 이전에 제3자인 며느리 고소 외 ○○○과 연대보증인 고소 외 ○○○의 친구인 고소 외 ○○○의 명의로 각 이 사건 회사에 대한 ○○%의 주식을 고소인 몰래 배돌려 놓고 마음대로 하라며 배짱을 부리고 있습니다.

(3) 만일 금전소비대차계약공정증서의 주 채무자 피고소인과 연대 보증인인 고소 외 ○○○이 인수주식 ○○%의 명의를 다른 사람의 명의로 취득하기로 하였다면 고소인이 피고소인의 요구에 의하여 이 사건 회사의 경영권을 포기하고 인수대금 ○억 원을 1년 뒤에 받기로 하고 이 사건 회사를 넘겨줄 이유는 전혀 없습니다.

(4) 이로써 고소인은 피고소인이 인수대금 ○억 원에 대한 지급의무를 이행하지 않아도 피고소인과 연대보증인인 고소 외 ○○○이 이 사건 회사의 ○○%의 주식을 고소인을 속이고 몰래 다른 사람의 명의로 취득하여 고소인은 금전소비대차계약공정증서에 기한 강제집행을 할 수 없게 되었으므로 결국 피고소인은 고소인을 기망하여 이 사건 회사의 경영권과 인수대금 ○억 원을 편취한 것입니다.

나. 피고소인의 사기범의

(1) 사기죄의 주관적 구성요건인 편취의 범의는 범행 전후의 피고소인의 재력, 환경, 범행의 내용, 거래의 이행과정 등과 같은 객관적인 사정 등을 종합하여 판단한다는 것이 대법원의 입장입니다[2].

(2) 피고소인의 과거행적을 살펴보면, ○○○○. ○○. ○○.부터 경상남도 ○○군 ○○읍 ○○로 ○○, 주공아파트 ○○○동 ○○○호에 거주하다가 ○○○○. ○○. ○○. 경상남도 밀양시 ○○로 ○○, ○○○호로 올라와 현재 거주하고 있는 경상남도 김해시 ○○로 ○○, ○○○동 ○○○호는

---

2) 대법원 1998. 1. 20. 선고 97도2630 판결 참조

임대주택으로서 그 규모는 27.45㎡로서 10평도 채 되지 않는 곳에서 거주하고 있고, 이것마저 피고소인의 소유가 아니고 임차하여 거주하고 있고, 고소인이 과거행적에 따라 부동산등기부등본 등을 모두 확인하였지만 피고소인이 소유하고 있는 재산이 없어서 발견하지 못해 재산관계명시신청도 해 보았지만 피고소인은 아무런 재산이 없으므로 피고소인은 인수대금 ○억 원을 지급할 의사능력이 없습니다.

(3) 즉, 피고소인은 당초부터 이 사건 회사의 인수대금 ○억 원을 지급할 의사능력이 없는 상태에서, 고소인과의 사이에 이 사건 회사를 ○억 원에 인수하겠다고 고소인을 속이고 고소인을 믿게 하기 위해 그 중 ○억 원만 주식인수대금으로 직접 주주들에게 지급한 후 고소인으로 하여금 인수주식 ○○%중, 자신이 ○○%를 아들이 ○○%를 각 취득하겠다는 약속을 하여 경영권에 대한 포기각서를 요구해 교부받고 이 사건 회사의 경영권을 모두 장악한 다음 고소인에 대한 금전소비대차계약공정증서에 대한 인수대금 ○억 원의 지급기일이 다가오자 이를 지급하지 않으려고 급기야는 고소인이 이 사건 회사의 약속어음금을 횡령하였다는 터무니없는 혐의로 고소인을 고소하고 위 인수대금 ○억 원을 지급하지 않고 있으므로 이를 편취한 것입니다.

(4) 아울러 피고소인의 잔금지급의무를 확실히 해두기 위해 체결하였던 금전소비대차계약상의 주 채무자와 연대보증인인 ○○○, ○○○은 현재 위 인수대금 ○억 원을 지급할 자력이 없습니다.

(5) 위와 같은 사정을 종합하여 보면, 피고소인은 당초부터 이 사건 회사의 인수대금을 지급할 능력과 의사가 없었음에도 불구하고 고소인을 기망하여 경영권을 빼앗고 인수대금 ○억 원을 편취한 것입니다.

3. 결론

피고소인 ○○○은 주식인수대금 ○억 원으로 이 사건 회사 주식 과반수와 경영권을 독차지하고, 고소인에게 터무니없는 혐의를 뒤집어씌우면서까지 나머지 인수대금 ○억 원을 지급하지 않고 있습니다.

피고소인은 전형적인 기업 사냥꾼입니다.

고소인을 기망하여 인수대금 ○억 원을 1년 뒤에 지급하기로 하는 금전소비대차계약공정증서를 해주고 고소인에게 인수한 주식 ○○%는 피고소인 과 그의 아들이자 연대보증인 고소 외 ○○○의 이름으로 취득하겠다고 거짓말을 하여 이를 믿게 한 후 고소인에게 경영권을 포기한다는 인증서를 교부받아 경영권을 장악한 후 인수한 주식 ○○%를 고스란히 제3자인 며느리와 아들의 친구에게 계획적으로 빼돌려 놓고 인수대금 ○억 원을 주지 않으려고 고소인에 대한 사소한 흠을 트집 잡아 형사고소와 민사소송을 일삼고 인수대금 ○억 원을 지급하지 않고 있을 뿐 아니라 회사 재산을 모조리 빼돌리는 바람에 회사를 껍데기만 남긴 채 그 알맹이는 모두 편취한 것입니다.

이와 같이 피고소인은 사기혐의가 명백함으로 기소 쪽으로의 확고한 의지를 가지고 고소인의 진술에 귀 기울여 실체적 진실을 밝히고 피고소인을 엄벌에 처할 수 있게 즉각적이고도 철저한 수사를 하여 주시기 바랍니다.

소명자료 및 첨부서류

1. 증제1호증   금전소비대차계약공정증서   1부

1. 증제2호증   정산서(계약서 없이 노트에 설명한 내역)   4장

1. 증제3호증   인증서(경영권포기)   1부

○○○○ 년 ○○ 월 ○○ 일

위 진술인(고소인) : ○ ○ ○   (인)

부산지방검찰청 ○○○검사 귀중

(10)진술서 - 교통사고 목격자가 목격사실에 대하여 경찰서의 교통사고조사계에 제
출하는 진술서 최신서식

진　　술　　서

진 술 인　:　○　　　○　　　○

00경찰서 교통사고조사계 귀중

진 술 서

1.진술인

성 명	○ ○ ○		주민등록번호	생략
주 소	인천시 ○○구 ○○로 ○○길 ○○, ○○○호			
직 업	생략	사무실 주 소	생략	
전 화	(휴대폰) 010 - 4567 - 0000			
대리인에 의한 진 술	□ 법정대리인 (성명 : , 연락처) □ 소송대리인 (성명 : 변호사, 연락처)			

　　상기 진술인은 인천 ○○경찰서 교통사고 조사계에서 조사 중인 사건에 대하여 아래와 같이 목격사실을 숨김과 보탬이 없이 사실 그대로 진술합니다.

(1) 존경하는 담당 조사관님!

뭘 하고 살아도 쉽지 않은 이 세상에, 갑자기 다니던 직장을 그만두고 집에서는 출근한다고 거짓말하고 ○○○○. ○○. ○○. 09:45경 마산시내 ○○로 ○○, 소재 던킨도너츠 창가에 앉아서 지나가는 수많은 사람들을 반나절쯤 하염없이 바라보면서 시간을 보내고 있었습니다.

11:55경 바로 앞에서 쿵하고 차량의 바퀴가 터지는 소리가 들리는 바람에 차량들이 부딪치고 사람들이 다치는 상황을 모두 목격했습니다.

저는 놀랐습니다.

그것은 머리위에 보따리를 지고 길을 건너시는 아주머니를 충격하지 않으려고 급정지를 하자 뒤따라오던 차량이 그 앞 차량의 뒤를 들이받은 사고였습니다.

(2) 존경하는 담당 경찰관님!

저는 그 교통사고를 목격하고 울고 말았습니다.

놀래서 운거라고 표현하는 게 맞습니다.

그 후로 길을 건너던 아주머니는 길바닥에 쓰러졌고 갑자기 멈춰선 차량을 보지 못한 차량은 앞 차량을 순식간에 부딪치는 바람에 차량은 부서지고 그 여파로 타고 있던 사람들이 많이 다친 것 같았습니다.

얼마 후 사고를 수습하기 위해 경찰관이 출동하였고 곧바로 응급차량이 도착하여 그 아주머니와 앞에서 운전하신 사람도 뒤에서 오던 차량의 운전자도 여러 대에 나눠 병원응급차량으로 실려 갔습니다.

그 후로는 경찰관이 바닥에 위치를 흰색으로 표시하고 얼마 안 있어서 정비소에서 출동한 차량도 도착했고 보험회사의 사고조사를 시작하는 것을 창가에 앉아 목격한 사실이 있습니다.

(3) 노고가 많으신 담당 경찰관님!

저는 ○○○○. ○○. ○○. 11:55경 이 사건 교통사가 발생한 시점부터 12:20 경까지 교통사고가 수습되는 것을 인천시 ○○구 ○○로 ○○, 소재 던킨도너츠 창가에 앉아서 목격한 사실을 그대로 진술하였습니다.

만약 저에 대한 진술이 추가로 필요할 때 연락을 주시면 언제든지 출석하여 수사에 협조하겠습니다.

아무쪼록 사고 당사자의 부상에 대하여 조속한 쾌유를 진심으로 기원하며 사건이 원만히 해결되었으면 합니다.

2.소명자료 및 첨부서류

(1) 진술인에 대한 인감증명서   1부

○○○○ 년 ○○ 월 ○○ 일

진술인 : ㅇ ㅇ ㅇ   (인)

○○경찰서 교통사고조사계 귀중

(11)진술서 - 진술인이 법원에 돈을 빌려준 사실을 구체적으로 확인하여 기재해 제
출하는 진술서 최신서식

진　　술　　서

진 술 인 : ○　　○　　○

부산지방법원 제3민사단독 귀중

진 술 서

1.진술인

성 명	○ ○ ○	주민등록번호	생략
주 소	부산시 ○○구 ○○로 3길 ○○, ○○○-○○○호		
직 업	상업	사무실 주 소	생략
전 화	(휴대폰) 010 - 9998 - 0000		

　　상기 진술인은 부산지방법원 ○○○○가단○○○○호 양수금 청구사건에 대하여 다음과 같이 사실 그대로 진술합니다.

- 다 음 -

2. 채무내용

차용일자 및 금액

    (1) ○○○○. ○○. ○○. 일금 18,000,000원

    (2) ○○○○. ○○. ○○. 일금 12,000,000원

합계 30,000,000원

이   자 : -

용   도 : 전 처(○○○, ○○○○. ○○. 이혼)의 식당운영자금

        (기준일자 : ○○○○. ○○. ○○. 현재)

진술인은 위 채무에 대하여 차용한 사실이 없으나 전 처(○○○)가 ○○○○. ○○. 이혼하기 직전에 '○○○식당'이라는 가게를 운영하기 위하여 두 번에 걸쳐 3,000만 원을 진술인의 명의로 '○○○'(관계 : 진술인의 친구)로부터 빌려 사용하고 이자만 상환하다 원금을 상환하지 못하자, 채권자가 ○○○○. ○○. ○○. 진술인에게 원금청구를 하면서 채무내용을 알게 되었습니다.

위 채무는 진술인이 ○○○○년 중순부터 ○○○○. ○○. 이혼 시 까지 별거를 하던 때에 발생한 채무라 전혀 알지 못하는 상황이었습니다.

한편 이혼 후 전 처도 식당도산으로 빚더미에 앉게 되어 생활이 여의치 않은 것

으로 알고 있을 뿐 근황은 모르고 있는 상태입니다.

  본 채무와 관련하여 친구인 ○○○에게 채무확인을 요청하였으나, 갚는 다는 확약서를 써 주지 않으면 채무확인을 해 줄 수 없다고 하여 부득이 이 금원차용확인서를 제출합니다.

○○○○ 년 ○○ 월 ○○ 일

위 진술인 : ○ ○ ○   (인)

부산지방법원 제3민사단독 귀중

(12)진술서 - 형사사건에 대하여 혐의없음을 주장하고 상세하게 사실관계를 기재하여 제출하는 진술서 최신서식

진 술 서

사 건 번 호 : ○○○○형제○○○○호 무고 등

진술인(고소인) : ○   ○   ○

창원지방검찰청 ○○○검사 귀중

진 술 서

1.진술인

성 명	○ ○ ○	주민등록번호	생략
주 소	창원시 ○○구 ○○로 ○○길 ○○, ○○○호		
직 업	생략	사무실 주 소	생략
전 화	(휴대폰) 010 - 9834 - 0000		
대리인에 의한 진 술	□ 법정대리인 (성명 : , 연락처) □ 소송대리인 (성명 : 변호사, 연락처)		

　위 사람은 창원지방검찰청 ○○○○형제○○○○호 배임 고소사건에 대하여 피의자는 임의진술서를 다음과 같이 제출합니다.

- 다 음 -

1. 진술인(다음부터 '피의자'라고 줄여 쓰겠습니다)은 ○○○○. ○○. ○○.주식회사 ○○상호저축은행의 대표이사로 취임하여 현재에 이르고 있습니다.

2. 피의자의 업무는 ○○상호저축은행법에 따라 여신 및 수신 등 업무를 처리하면서 은행의 업무를 통괄하는 것입니다.

3. 피의자는 ○○상호저축은행을 경영하던 중 수신이율이 시중은행보다 상당하게 높아 수신은 많으나 여신의 경우에도 시중은행보다 이율이 높은 관계로 여신이 매우 적은 것이 현실이어서 이로 인하여 역마진(여신이 적으면 경상이익이 적어 실질적으로는 적자가 발생되는 현상을 말합니다)이 발생하는 것이 가장 큰 문제인 것을 파악하게 되었습니다. 그런데 ○○지역에서는 시중은행보다 이율이 높은 많은 돈을 대출 받을 사람이 없으나 다른 지방이나 ○○이나 ○○에서는 많이 있고, 누가 대출을 받으려고 하는가에 대한 정보를 금융감독원 직원들이 많이 알고 있으므로 부탁을 해 두었습니다.

4. 피의자는 ○○○○. ○○. ○○. 경상남도 창원시 ○○구 ○○로 ○○.에서 개발사업을 하는 주식회사 ○○건설에게 콘소시엄을 형성하여 대출을 해주고 싶어 사업성검토를 하였는데 사업성이 매우 좋은 것으로 판단하고 참여하겠다고 대답하였는데 ○○상호저축은행으로부터 콘소시엄 대출이 취소되었다는 연락을 받았습니다.

5. 피의자는 그 후 개발 사업을 추진하던 주식회사 ○○건설로부터 개발 사업에 대한 대출을 해줄 수 있느냐는 제의를 받았는데 대출할 의향이 있었기에 주식회사 ○○건설로부터 조건이 어떤 것이냐고 물었더니 수수료 5%, 대출이율 10%를 선취, 그리고 사업수익 50%를 ○○상호저축은행이 가지기로 하는 것이라고 말하기에 피의자는 매우 호조건이기 때문에 대출여부에 대하여 심사를 해보겠다고 대답하였습니다.

6. 피의자는 바로 대출담당 부장 ○○○에게 주식회사 ○○건설이 추진하는 개발 사업에 대한 대출심사에 필요한 서류를 받고 현지로 출장을 가서 서류와 함께 꼼꼼하게 검토할 것을 지시하였고, 피의자도 검토에 참여하였는데 사업성이 좋은 것으로 판단하고 대출하기로 결심하였습니다.

7. 피의자가 대출을 결심한 이유 중 가장 큰 이유는 아래와 같았습니다.

   첫째 - 이건 대출은 브릿지론 이어서 대출하는 돈이 주식회사 ○○건설에 가지 않고 바로 개발 사업 부지의 소유자들에게 토지의 매매대금으로 직접 지급되는 방식으로 대출이 되기 때문에 특별한 현상이 발생되지 않은 한 대출금이 유용되지 않는다는 점이였습니다.

   둘째 - 사업부지에 대한 매매계약이 완료되어 당국으로부터 사업계획승인을 받게 되면 시공사가 시중은행으로부터 P/F자금을 대출받아 이 대출금의 일부로 ○○상호저축은행이 대출한 돈 전액을 상환하여 주므로 대출의 기간이 비교적 짧다는 점이였습니다.

   셋째 - 대출에 따른 이익금이 많다는 점(수수료 5%, 대출이율 10%를 선취, 그리고 사업수익 50%를 ○○상호저축은행이 가진다는 점)이였습니다.

   넷째 - 사업부지가 약간 높은 지대에 있으나 사거리 코너에 위치하고 있었고, 시내의 중심부와 가깝기 때문에 분양실적이 매우 좋을 것으로 예측할 수 있었다는 점이였습니다.

   위와 같이 많은 수익금이 ○○상호저축은행에 발생될 것이 확실시되었기 때문이고, 이러한 대출로 인하여 진술인의 ○○상호저축은행에 손해를 입을 염려가 거의 없을 것으로 판단하였기 때문입니다.

8. 피의자와 주식회사 ○○건설은 대화를 한 결과 ○○○○. ○○. ○○.다음과 같은 취지의 업무약정서를 작성하고 이를 공증사무실에서 인증을 받았습니다.

- 다 음 -

(1) ○○상호저축은행은 주식회사 ○○건설이 창원시 ○○구 ○○로 ○○, 외 127필지 상에 주상복합아파트를 신축하여 분양하는 사업을 하기 위한 토지매입자금으로 금 ○○○억 원을 대출한다.

(2) 주식회사 ○○건설이 부도나는 등의 상황이 발생되면 주식회사 ○○건설은 사업권일체를 ○○상호저축은행에 즉시 양도한다.

(3) 주식회사 ○○건설은 대출금을 우선적으로 상환한 후 사업이익금 50%를 추가 수수료로 지급한다.

(4) 주식회사 ○○건설은 위 대출금에 대한 담보로 주식회사 ○○건설이 발행한 전체주식 50%를 ○○상호저축은행에 양도하여 주식명의 개서 및 권리에 협조한다.

9. 위 제8항 기재의 약정에 따라 피의자는 주식회사 ○○건설에 ○○○억 원을 대출하였던데 대출하는 돈 중, 선취 이자 등을 제한 나머지 돈을 사업부지의 토지소유자들의 예금계좌에 직접 입금하여 주었습니다.

10. 주식회사 ○○건설과 사업시행을 하기로 약정한 후 진술인은 주식회사 ○○건설이 사업이익금을 ○○상호저축은행에 주기로 하는 약정을 이행하지 않을지도 모른다는 우려를 불식시키기 위해 주식회사 ○○건설과 상의하여 진술인이 지정하는 사람이 주식회사 ○○건설의 공동대표이사로 취임하기로 합의하였습니다.

그런데 피의자의 주변에는 대표이사 명의를 빌려줄 사람을 추천해 달라고 부탁하였던바, 주식회사 ○○건설의 대표이사 친 처남인 ○○○을 추첨하였고, 피의자는 위 ○○○을 공동대표이사에 등재하였던 것입니다.

여기서 피의자는 공동대표이사에 등재된 ○○○에게 수당이나 월급 등 일체의 보수를 준 적이 없습니다.

11. ○○○○. ○○. ○○.외부로부터 동 사업권을 매각하라는 전화가 있었다는 소 문이 있어 대출에 관한 약정이 외부에 알려지면 한도액 50억 원이 넘는 대출 이어서 진술인이 피해를 입을지도 모른다는 생각으로 걱정을 하고 있었는데 이 무렵 주식회사 ○○건설 측이 대출금의 일부인 30억 원을 토지 소유자들과 공 모하여 토지매매대금이 아닌 개인용도로 사용하였음을 확인하게 되었습니다.

피의자는 이 30억 원 횡령과 같은 사고가 재발하지 않으려면 피의자 측에서 회계담당 직원을 파견하여 회계를 투명하게 하여야 한다는 점을 인식하고 ○○ ○을 통하여 주식회사 ○○건설에게 요구하였던바, 주식회사 ○○건설은 이를 거절하면서 회사 문을 닫았습니다.

12. 피의자는 주식회사 ○○건설이 대출에 관한 약정을 위반하였으므로 이 약정에 따라 주식회사 ○○건설의 이사건 사업권이 ○○상호저축은행에 귀속되었기에 이 사건 사업을 계속 시행하기 위해 주식회사 ○○건설의 사업권을 양도하는 조 치를 취하면서 실제로는 ○○상호저축은행에서 사업권을 양수한 것임을 확인하 는 약정을 체결하였습니다.

13. 주식회사 ○○건설과 ○○상호저축은행 간에 ○○○○. ○○. ○○.체결한 청원시 ○○구 ○○로 ○○, 소재 업무약정서 제○○조에 총사업이익금의 50%를 ○○ ○이 지정한 개인 또는 단체에게 지급한다. 라는 문구가 있고, 이 문구로 인하 여 사업이익금의 전부가 ○○상호저축은행에 가지 않고, 일부가 외부 사람에게 주어질 것으로 예상되는 것처럼 오해할 수 있습니다.

그러나 만약 이익금의 일부가 외부 사람에게 주어진다면 이는 배임죄를 저지르는 행위이므로 있을 수 없는 일이라 외부 사람에게 줄 하등의 이유가 없었습니다.

피의자는 어느 누구에게도 이 사건 대출과 관련하여 금품을 주거나 주기로 약 속한 적이 전혀 없습니다.

14. 주식회사 ○○건설의 주식 50%를 공동대표이사 ○○○이 취득한 것으로 되어

있습니다.

그러나 ○○○이나 주식회사 ○○건설은 이 사실을 모르고 있을 뿐만 아니라 이 주식에 대한 권리를 행사한 적도 없습니다.

피의자와 공동대표이사인 ○○○이 협의하여 주식회사 ○○건설의 주식 50%를 소유하는 것으로 만든 것은 주식회사 ○○건설이 감독을 받으면서 횡령하지 못하게 하기 위함이지 ○○○으로 하여금 주식회사 ○○건설의 주식을 실질적으로 소유하게 하려는 목적이 있어서가 결코 아닙니다.

15. 피의자는 위에서 설명을 드린 바와 같이 이 사건 대출을 하기로 결심을 함에 있어 설령 담보 없이 대출이 되는 것이라 할지라도 대출금이 토지소유자들에게 직접 입금되므로 사고로 인하여 대출금이 회수되지 못할 가능성은 거의 없는 것으로 판단하였을 뿐 대출로 인하여 ○○상호저축은행에 손해가 발생할 수도 있을 것이란 생각은 전혀 하지 않았습니다.

그런데 주식회사 ○○건설이 30억 원을 횡령하는 범행을 자행하고 이 범행이 탈로나자 회사의 문을 닫고 행방을 감추는 사태가 발생하였던 것이고 이로 인하여 대출금회수가 늦어지고 있을 뿐 ○○상호저축은행에 손해가 발생된 것은 아닙니다.

16. 피의자가 상호저축은행법에 저촉되는 대출한도액의 초과 대출을 한 행위에 대하여는 처벌을 달갑게 받겠으나 그러나 이 사건 대출은 ○○상호저축은행에 손해를 입게 할 개연성 있는 대출이 결코 아니고, 앞으로 상당한 이익을 창출할 대출이라는 것을 인정하여 주시기 바랍니다.

피의자는 주식회사 ○○상호저축은행의 주주명부를 제출하라는 지시를 받고 귀청에 제출하였는데 다시 전년도의 주주명부를 제출하라는 추가 지시를 받고 이는 이 사건 수사와 아무런 관련이 없는 자료임이 명백하다고 판단되기에 거절한 사실이 있습니다.

17. 수사는 행정감사가 아니고, 범죄혐의 유무를 가리는 것이므로 수사에 관련 없는 자료 제출을 요구하는 것은 수사권의 남용이라 할 것입니다.

18. 이 사건은 ○○○○. ○○. ○○.부터 시작된 것으로 알고 있습니다.

  그럼에도 불구하고 지금까지도 계속 수사를 하고 있어 조사를 받는 입장에 있는 피의자로서는 매우 피곤하고 회사운영에 엄청난 지장을 받고 있는 것도 사실이며 예금 유치 업무에도 큰 지장을 초래하고 있사오니 조속히 수사를 종결하여 주셨으면 합니다.

소명자료 및 첨부서류

1. 사실확인서   1부

1. 통고서   1부

○○○○ 년 ○○ 월 ○○ 일

위 진술인(고소인) : ○ ○ ○ (인)

창원지방검찰청 ○○○검사 귀중

(13)진술서 - 고소인 임의 진술서 고소인이 새로이 알고 있는 범죄사실을 검찰청에
　　　　 제출하는 진술서 최신서식

진　　술　　서

진 술 인 : ○　　○　　○

청주지방검찰청 000검사 귀중

진 술 서

1. 진술인

성 명	○ ○ ○	주민등록번호	생략
주 소	청주시 ○○구 ○○로 7길 ○○, ○○○-○○○호		
직 업	상업	사무실 주 소	생략
전 화	(휴대폰) 010 - 2340 - 0000		

　위 사람은 청주지방검찰청 ○○○○형제○○○○호 특정경제범죄가중처벌등에관한 법률위반(횡령) 사건에 대하여 다음과 같이 고소인이 알게 된 사실을 숨김과 보탬이 없이 사실 그대로 진술합니다.

- 다 음 -

(1) 고소인명의 계좌에 거액이 입금되어 있는 사실을 알게 된 경위

고소인은 한때 고소인과 동거하였다가 사망한 ○○○이 생전에 신한은행에 고소인의 형제자매 명의로 계좌를 개설하여 놓았으며 고소인의 도장으로 이용이 가능한 대여금고에 유언장을 보관하여 두었다고 말하여 이를 대강은 알고 있었으나 예금액 등 자세한 내용을 알지 못한 상태에서 ○○○이 사망한 후 그의 동생 ○○○에게 '고소인 명의의 예금을 일부는 큰딸에게 주고 나머지는 ○○○의 뜻대로 국가를 위해 쓰면 좋겠다'고 말한 후 이에 더 이상 관심을 갖지 않고 있었습니다.

그런데 ○○○○. ○○. ○○.경 청주시내 ○○소재 고소인의 사무실에서 고소인은 그곳에 온 사람들로부터 '○○○' 명의의 신한은행 계좌에 거액의 금원이 입금되어 있다는 이야기를 우연히 듣게 되었으며, 그들이 말하는 '○○○'이라는 사람이 바로 고소인 자신임을 알고 깜짝 놀랐습니다.

고소인은 지인들을 통하여 이에 관하여 좀 더 확인하여 보았는데 고소인 명의의 신한은행계좌에 20억 원이 입금되어 있다는 것이었습니다. 이에 고소인은 지인을 통하여 당시 신한금융지주회사에게 고소인 명의의 신한은행 계좌의 예금 잔고를 확인한 바 있으며 그 예금의 지급 조건 등 고소인 명의 신한은행계좌 관련 문제의 해결 방안을 제시받은 바 있습니다.

(2) 고소인에게 제시하였던 해결 방안

고소인은 ○○○○. ○○. ○○. 지인으로부터 그가 아는 ○○○이 신한금융지주회사를 잘 안다는 말을 듣고 ○○○에게 고소인의 주민등록번호를 적어주며 고소인 명의 신한은행 계좌에 얼마의 예금이 있는지 알아봐 달라고 부탁하였습니다.

고소인의 부탁을 받은 ○○○이 ○○○과 함께 같은 날 ○○○을 방문하여 고소인의 계좌에 대하여 문의하자 ○○○은 그들에게 고소인의 동거남이 누구였는지를 물었고 이에 ○○○이 고소인에게 전화를 걸어 동거남의 이름이 ○○○임을 확인하고 ○○○에게 이를 말하자 ○○○은 고소인이 진정한 '○○○'임을 알아차리며 고소인의 한자이름에는 특이한 점이 있다고 말하면서 고소인 명의 계좌의 잔고를 확인한 후 아래와 같은 내용을 ○○○에게 말하여 주었습니다.

당시 ○○○으로부터 들은 내용을 떨리는 마음으로 조그만 메모지(당시 ○○○의 지시를 받은 서무담당 직원이 고소인 명의 계좌의 예금 잔고 및 구비서류를 파란색 글씨로 적어온 메모지였습니다) 위에 검은색 글씨로 적어 흥분된 상태로 이를 고소인에게 갖다 주었습니다.

고소인이 ○○○으로부터 위 쪽지를 받을 때 ○○○, ○○○ 등 여러 사람이 그 자리에 있었습니다.

다음날인 ○○○○. ○○. ○○.아침 9시경 고소인이 사무실에서 신한은행 본점으로 출발하려고 준비하고 있던 중에 ○○○으로부터 전화가 와서 받았는데, 그는 신한은행에서 이사회를 거친 다음 2시간 후에 다시 연락을 준다며 고소인으로 하여금 기다리도록 하라고 연락이 왔다고 하였습니다.

그 날 오후 메모지를 가지고 고소인에게 찾아온 ○○○은 신한은행 이사회가 자금 20억 원에 대하여 당시 구비서류를 모두 준비하라고 하였고 그 외에 포기각서를 반드시 갖추어야 한다고 하였으며 외환은행을 통하여 돈을 지급하겠다고 한다는 것이었습니다.

당시 고소인은 ○○○의 형제들과 상의한 후 ○○○이 제시한 방안의 수용여부를 알려 주겠다고 ○○○에게 말하였는데, ○○○은 검찰 내지는 ○○○ 동생들에게 연락을 취하면 이 문제는 덮어진다고 신한은행 측에서 말했다고 하였습니다.

당시 고소인은 신한은행이 고소인에게 포기각서를 요구하며 외환은행을 통하여 돈을 지급하겠다는 것 등이 이상하여 ○○○의 제안에 응하지 않았습니다. 고소인은 위와 같은 고소인과 신한은행과의 문제를 해결하고자 ○○○의 동생을 만나려고 노력하였으나 만날 수도 없었습니다.

그 후 신한은행 측은 고소인이 신한은행과 거래한 사실이 전혀 없다고 하며 고소인과 신한은행과는 아무런 관련이 없다는 태도를 취하고 있는 것입니다.

(3) 이 사건 고소사실에 관하여

이 사건 고소사실은 신한은행에서 ○○○○년부터 ○○○○년경 퇴직할 때까지 고소인 명의 국내자금 담당자로 근무하였던 사람으로부터 제보 받은 것 가운데 신한은행이 ○○○○. ○○. ○○.부터 고소인 명의 계좌로부터 무단 출금한 내역에 관한 것입니다.

그 제보내용이 매우 구체적일 뿐만 아니라 기타 여러 경로를 통하여 고소인에게 제보된 내용과도 부합하므로 수사기관에 의하여 충분히 그 사실여부가 확인될 수 있을 것으로 생각되어 고소를 제기하기에 이른 것입니다.

(5) 관련 주요사항

이 사건과 관련하여 고소인이 그 동안 경험하거나 알게 된 관련 주요사항을 시간적 순서에 따라 정리하여 별지 ' 관련사항일지 '를 제출하겠습니다.

2.소명자료 및 첨부서류

(1) 관련사항일지   1통

(2) 진술인에 대한 인감증명서   1부

○○○○ 년 ○○ 월 ○○ 일

위 진술인 : ○ ○ ○   (인)

청주지방검찰청 ○○○검사 귀중

(14)진술서 - 폭력현장을 목격한 피해자가 가해자의 난동을 말리다가 입은 피해사
실을 입증하는 진술서 최신서식

진 술 서

사 건 번 호 : ○○○○수사○○○○호 폭력사건

진술인(목격자) : ○   ○   ○

대전 ○○경찰서 형사계 귀중

진 술 서

1.진술인

성 명	○ ○ ○	주민등록번호	생략
주 소	대전시 ○○구 ○○로 ○○길 ○○, ○○○호		
직 업	생략	사무실 주 소	생략
전 화	(휴대폰) 010 - 8933 - 0000		
대리인에 의한 진 술	□ 법정대리인 (성명 : ,　　　연락처　　　) □ 소송대리인 (성명 : 변호사, 　연락처　　　)		

　위 사람은 대전 ○○경찰서 ○○○○수사○○○○호 폭력사건에 대하여 사고목격자 겸 피해자로서 다음과 같이 진술서를 제출합니다.

- 다 음 -

1. 이 사건의 목격 경위

○ 진술인은 ○○○○. ○○. ○○. ○○:○○시경 대전시 ○○구 ○○로길 ○○, 소재 ○○제과점 앞길을 지나갈 때였습니다.

○ 위 ○○제과점 앞에는 사람들이 많이 모여 있어 이상하게 생각하고 가까이 가보았는데 길가에 주차된 택시 운전석에서 막 내리려던 30대 중반쯤 되는 남자와 눈길이 마주쳤습니다. 그런데 그는 넌 뭐냐고 하면서 진술인을 노려보더니 다짜고짜 얼굴을 주먹으로 때렸습니다.

○ 진술인이 볼 때 그는 안색이 창백하고 불량한 사람이었습니다.

○ 진술인은 재수 옴 붙은 날이라고 생각하고 그냥 가려고 했는데 택시에서 약 5미터 정도 떨어진 앞쪽에 검은 색 승용차가 세워져 있었습니다.

○ 택시와 승용차가 추돌사고라도 났는가 싶었는데 운전사가 아무래도 이상했습니다. 비틀거리는데다 눈이 풀어진 것이 사고의 충격인가. 병원에 가야 하는 것 아닌가 별 생각이 다 들었습니다.

○ 운전사가 다시 택시 운전석에 앉아 운전을 하려고 시동을 걸려는 듯이 키를 몇 차례 돌렸고 사람들이 막으라고 아우성을 쳤을 때 진술인도 운전자를 차에서 끌어내야 한다는 생각이 번뜩 들었습니다.

○ 진술인은 아무런 생각도 없이 조수석 문을 열고 팔을 잡아당겨 드잡이를 하는 동안 누군가 운전석 문을 열고 얼른 차 키를 뺐습니다.

○ 그래서 진술은 뒤로 물러났는데 그는 욕설을 퍼부으면서 주먹질과 발길질을 하면서 덤벼들었습니다. 다행히도 구경하던 사람들 가운데 한 사람이 뒤에서 그를 끌어안았습니다.

○ 일단 그를 차에서 내리게 만들었지만 곤란해진 것은 진술인이었습니다.

이쯤에서 진술인은 현장을 빠지자 하고 내 갈 길을 갔습니다.

○ 경찰관이 피해자를 찾는다면서 우왕좌왕하고 있었습니다.

진술인은 싸움을 말기는 과정에서 안경도 깨졌기 때문에 피해자로 따라갔습니다. 그래서 진술인은 가까운 ○○경찰서 소속 ○○지구대로 가서 1차로 피해자 진술서를 썼습니다.

○ 다음에는 ○○경찰서로 가서 형사 앞에서 문답식으로 진술서를 써야 한다고 해서 팔자에 없는 경찰서행이라니. ○○지구대에서 욕설과 난동을 부리는 통에 수갑이 채워졌던 녀석을 먼저 연행되고 우리는 다음차로 따라갔습니다.

○ 지구대의 폭력계사무실에서 난동을 부리던 그 사람은 수갑을 풀고 한구석에 앉아 있었습니다. 두어 명의 당직형사가 있었고 그 가운데 한사람이 컴퓨터 앞에 앉아 자기 앞의 의자에 앉으라고 말했습니다.

○ 그 사람도 앉고 진술인도 같이 앉았습니다. 진술인을 보자 욕설을 퍼붓고 원망을 했습니다. 그런 놈이니까 상대를 하지 말라는 형사의 말이 있었지만 같은 댓 거리를 하지 못한 게 두고두고 아쉬웠습니다.

2. 싸움을 말리던 피해자

○ 위와 같이 진술인은 그 범인이 차량을 빼앗아 운전을 하려하는 것을 보고 위험하다는 생각이 들어 그 범인이 운전을 하지 못하게 막는 과정에서 오히려 범인이 진술을 주먹으로 때려 안경이 깨지는 등 피해자이며 목격자이지 그 범임을 진술인이 폭행한 사실이 전혀 없습니다.

○ 범인이 운전을 하지 못하게 저지하는 것에 당시 수많ㅅ은 인파가 몰려 있었고 진술인은 범인이 차량을 운전하지 못하게 하는 과정에서 느닷없이 범인이 때린 폭행으로 안경이 깨지는 피해자로서 그 범인을 폭행한 사실은 추호

도 없습니다.

○ 진술인은 이 사건의 피해자로서 관할 경찰서로 가서 피해자진술을 받는 과정에서 그 범인이 진술인에게 폭행을 당했다는 주장을 한다고 해서 피해자인 진술인을 가해자로 지목한다는 것은 부당합니다.

○ 진술인은 그 범인과 차량의 운전자 간의 치열한 싸움을 그냥 묵과할 수 없어서 싸움을 말렸던 사실 밖에 없고 오히려 싸움을 말리는 과정에서 느닷없이 그 범인이 진술인을 향하여 주먹으로 얼굴을 1회 가격하는 바람에 안경이 깨지는 피해를 입은 피해자입니다.

3. 결론

○ 진술인은 사실 그대로를 사건의 경위를 말씀드렸으며 앞으로 이 사건으로 인하여 진술을 해야 하거나 추가적으로 증언을 해야 하는 경우 적극 협조하겠습니다.

소명자료 및 첨부서류

1. 파손된 안경 사진   1통

○○○○ 년 ○○ 월 ○○ 일

위 진술인(목격자) : ○ ○ ○   (인)

대전 ○○경찰서 형사계 귀중

(15)진술서 - 형사사건의 피의자가 고의나 과실이 전혀 없다는 사실관계를 검찰청
에 제출하는 진술서 최신서식

진 술 서

진 술 인 : ○   ○   ○

청주지방검찰청 000검사 귀중

진 술 서

1.진술인

성 명	○ ○ ○	주민등록번호	생략
주 소	청주시 청원구 ○○로 3길 ○○, ○○○-○○○호		
직 업	개인사업	사무실 주 소	생략
전 화	(휴대폰) 010 - 9890 - 0000		

　위 사람은 청주지방검찰청　○○○○형제○○○○○호 저작권법위반피의사건에 대하여 다음과 같이 사실 그대로 서면 진술서를 작성하여 제출합니다.

<h1>- 다 음 -</h1>

(1) 진술인의 지위와 업태 등

진술인은 ○○○○. ○○. ○○. 상호 주식회사 "○○○○" 으로 법인을 설립하여 ○○○○. ○○. ○○. 인터넷 커뮤니티 '○○○(www.   .)' 서비스를 시작하였으며, ○○○○. ○○. ○○.경 (주) ○○○에 인수, 동년 3.경 현재 사용하고 있는 주식회사 ○○○으로 상호를 변경, 인터넷 등을 통한 온라인 서비스를 주된 사업을 목적으로 하고 있습니다(증제1호증 법인등기사항전부증명서 참조)

진술인의 주요 서비스로는 동영상 포털 ○○○와 아우라, 커뮤니티 서비스 다모임, 동영상 및 UCC편집 프로그램 ○○원, 개인 ○○토리지 리멤버 등이 있으며, 독창성과 창의력을 객관적으로 인정받아 ○○○○. ○○. ○○. 문화관광부와 함께 '○○○○'를 실시하였고 ○○○○. ○○. ○○.에는 ○○○청소년 우수 커뮤니티 부문 은상을 수상하는 영애를 득하는 등 단기간에 걸쳐 괄목할 만한 성과를 거두었습니다.

(2) 본건 음원에 대한 서비스 경위

가. 음원공급 등을 위한 계약체결

고소인은 진술인이 임의로 본건 음원을 서비스하였고, 이에 대한 저작권법 위반으로 본건 고소를 제기한 것이나 실제 진술인은 고소인의 고소사실과 전혀 다른 정당한 계약과 절차를 통하여 본건 음원을 서비스하여 왔으며, 서비스에 따른 음원사용에 대한 사용료 상당액을 계약에 의해 지급한 바 있습니다.(증제3호증 내지 9호증 각 음원공급계약서 참조)

더욱이 진술인은 본건 고소사건 이외 그간 최초 음원공급 계약을 체결한 후, 현재까지 본건 음원을 포함, 그 어떠한 음원에 대하여 저작권법 위반 등의 법적 분쟁이나 이의를 제기 받은 사실이 없으며, 본건 사건에 있어 진술인 역시 유효한 계약을 체결하고, 이에 따른 음원을 공급받아 서비스한 제반사정을 감안하여 보더라도, 진술인 역시 본건 사건에 있어 명백한 피해자라 할 것입니다.

나. 제1차 음원공급 계약(증제3호증 음원공급계약서 참조)

진술인은 ○○○○. ○○. ○○. 현 주식회사 ○○○○에 ○○○○. ○○. ○○. 흡수합병 된 주식회사 ○○와 진술인이 운영하는 사이트(○○○○)에 (주)○○가 적법하게 라이센스를 확보하고 제작한 음원을 진술인이 운영하는 위 사이트에 제공하는 계약을 체결하여, 본건 음원을 포함, 진술인이 위 사이트를 통하여 이용자에게 제공한 음원 모두를 공급받았습니다.

또한 음원공급에 대한 사용대가로서, 공급받은 음원에 대한 서비스로 발생된 총매출액에 대하여 제 비용(○○% : 결제대행수수료, 대손충당금, 저작인접권, 저작권, 실연권)을 공제한 잔여 수익금의 (○○)%를 진술인과 음원공급자인 주식회사 ○○가 각 분배하였습니다.

한편 진술인은 서비스의 적법성과 합법성을 확보하고, 공급받은 음원에 대한 법적 리스크를 최소화하기 위하여 계약서 제○○조에 "지적재산권"이라는 조문을 명문화하여 제공받은 음원이 타인의 저작권, 특허권 등을 포함, 일체의 지적재산권을 침해하는 것이 아님을 공급자인 ○○가 보증하며, 보증사항에 대하여 전적인 책임을 부담한다. 라는 규정을 두었으며, 이와 별도로 동조 ○○항에 지적재산권(저작권 등)에 관한 분쟁이 발생한 경우, 음원공급자인 ○○는 자신의 비용으로 이를 방어하여야 하며 분쟁으로 인하여 진술인에게 손해를 입힌 경우, 변호인 선임 등 소송비용을 포함, 제반 경비 및 신용상의 손해를 포함, 일체의 배상책임을 부담하여야 한다. 라고 법적분쟁이나 손해발생에 대한 책임소재를 명백히 규정한바 있습니다.

제1차 음원 공급계약의 유효기간은 ○○○○. ○○. ○○.부터 ○○○○. ○○. ○○.까지로 약정하였으며, 다만 계약완료일 1개월 전까지 서면에 의한 일방의 해지통보가 없으면 자동으로 1년씩 계약이 갱신되는 것으로 본다. 라고 기간을 약정하였습니다.

다. 제2차 음원공급 계약(증제4호증 음원공급계약서 참조)

진술인은 위 제1차 음원 공급계약 체결 후, 동 계약이 만료되기 이전인 ○○○○. ○○. ○○. ○○와 제1차 음원공급 계약과 동일한 내용의 제2차 음원공급 계약을 체결, 동 계약에 따른 적법한 음원을 공급받아 서비스를 진행하였습니다.

본 제2차 음원공급 계약의 유효기간은 ○○○○. ○○. ○○.부터 ○○○○. ○○. ○○.까지 약정하였고, 계약기간 만료 1개월 전부터 협의하여 최종적으로 계약기간 만료 15일 이전까지 재계약 여부를 결정하기로 하며, 다만 동 기간 동안 양 계약당사자가 재계약 여부에 관한 아무런 의사표시가 없을 경우 제2차 음원공급 계약과 동일한 조건과 기간으로 자동 갱신되는 것으로 한다. 라는 단서규정을 추가한 바 있습니다.

라. 제3차 음원공급 계약(증제5호증 음원공급계약서 참조)

진술인과 음원공급자인 ○○는 ○○○○. ○○. ○○. 제2차 음원공급 계약이 만료됨에 따라 제1차 및 제2차 음원공급 계약과 동일한 내용의 계약을 체결하고, 서비스의 지속성과 안정성을 도모하기 위하여 최선의 노력을 다하였습니다.

제3차 음원공급 계약의 유효기간은 ○○○○. ○○. ○○.부터 ○○○○. ○○. ○○.까지로 계약기간을 약정한 바 있습니다.

마. 제4차 음원공급 계약(증제6호증 음원공급계약서 참조)

진술인은 ○○○○. ○○. ○○. 음원공급자인 ○○와 제4차 음원공급 계약을 체결하였으며, 동 계약의 내용은 위에서도 언급한 바와 같이 기 체결된 음원공급 계약과 동일하며, 다만 수익배분에 있어 제 비용의 요율을 음원공급에 따른 발생매출 총액의 (○○   )%[결제대행 수수료(○○%), 대손충당금

(○○%), 저작인접권(○○%), 저작권(○○%), 실연권(○○%)]로 일부 조정한 바 있습니다.

또한 저작권관련 제 비용(총 매출액의 ○○%)은 음원공급자인 ○○가 보유하며, 동 법인의 책임 하에 각 정산 처리토록 한다. 라고 관련 비용의 정산 및 지급의무를 명문화 하였습니다.

한편 제4차 음원공급 계약의 유효기간은 ○○○○. ○○. ○○.부터 ○○○○. ○○. ○○.까지로 약정하였으며, 동 기간의 단서 조항은 제3차 음원공급 계약과 동일하게 규정하였습니다.

바. 제5차 음원공급 계약(증제7호증 음원공급계약서 참조)

20○○○. ○○. ○○. 진술인은 ○○○○. ○○. ○○. 제4차 음원공급계약 당사자인 ○○가 ○○○에 흡수 합병된 연유로 합병 후 ○○○○와 제5차 음원공급 계약을 체결하였으며, 동 계약은 기존의 진술인과 ○○와 체결한 음원공급 계약의 규정을 담고 있으며, 다만 양 계약당사자간 수익분배에 있어 가요와 팝을 구분하여 제 비용으로 산정하는 요율을 가요의 경우 총매출액의 (○○   )%를, 해외 팝의 경우 총매출액의 (○○)%를 각 적용하여 비용을 산정하고, 동 절차에 따라 발생된 비용을 제외한 수익금원에 대하여 (○○)%씩 분배키로 약정한 바 있습니다(증제2호증 법인등기부등본 참조)

한편 제5차 음원공급 계약의 유효기간은 ○○○○. ○○. ○○.부터 ○○○○. ○○. ○○.까지로 약정하였으며 계약의 갱신 등에 대한 규정은 기존 음원공급 계약과 동일하게 규정하였습니다.

사. 제6차 음원공급 계약(증제8호증 음원공급계약서 참조)

진술인은 음원공급자인 ○○○○와 ○○○○. ○○. ○○. 제5차 음원공급 계약이 종료됨에 따라 제6차 음원공급 계약을 체결하였으며, 동 계약의 경우, 계약기간을 ○○○○. ○○. ○○.부터 20○○○. ○○. ○○.까지로 약정하였습니다.

또한 ○○○○와 진술인간의 수익배분과 관련하여, 제 비용을 제외한 총수익금 전부를 위 음원공급업자인 ○○○○에게 귀속케 하였으며, 이와 별도로 ○○○○은 진술인의 온라인 서비스(뮤직샵)과 관련된 계약이 종료된 ○○○○. ○○. ○○.까지만 서비스와 관련된 운영과 기 판매된 음원에 대한 스트리밍을 제공하고, ○○○○. ○○. ○○.부터는 " ○○○ "서비스 내 뮤직샵 서비스와 관련하여 (○○○○) 서비스(뮤직샵) 개시 이후, ○○○가 서비스를 제공하면서 기 판매된 음원에 대하여 일정 스트리밍을 제공하지 않는다. 라고 서비스 종료에 대한 공급계약 제○○조 ○항에 명기하였습니다.

아. 제7차 음원공급 계약(증제9호증 부속합의서 참조)

- 제6차 음원공급 계약에 대한 부속합의서 -

진술인과 ○○○○는 ○○○○. ○○. ○○. " ○○뮤직샵 서비스 제공연장에 관한 부속합의서"를 체결하고, 제6차 음원공급계약 제○조의 계약기간 및 제○조의 수익배분에 관한 사항을 변경합의 후, 부속합의를 체결한 바 있습니다.

즉 기존 제6차 음원공급 계약의 유효기간이 ○○○○. ○○. ○○.까지로 되어 있으나 해당 서비스의 지연에 따라 이를 ○○○○. ○○. ○○.까지로 연장하며, 수익배분에 있어 제 비용을 공제한 순수익을 제6차 음원공급 계약은 전액 ○○○○에게 귀속케 하였으나 이를 균등분배 하는 정산방법으로 해당 규정을 변경하였습니다.

(3) 적법한 음원제공 및 동 사실에 대한 통지

진술인은 고소인 ○○○○에게 ○○○○. ○○. ○○. 내용증명 회신공문을 통하여 첫째, 진술인은 음원대행사인 ○○○○와 음원공급 계약을 체결한 사실 둘째, 합법적 음원공급 계약에 의해 음원을 공급받아 미니홈피(배경음악) 서비스를 진행한 사실 셋째, 진술인과 ○○○○ 양자 간의 역할, 즉 "○○○○는 음원 권리자와의 계약 및 미니홈피 운영, 음원 권리문제의 해결에 대한 역할을, 진술인은 합법적으로 음원을 공급받아 서비스 제공하는 역할을 각 수행", 넷째 본건의 문제에 대하여는 ○○○○측이 문제에 대하여 인지를 하고, 문제를 해결할 의무가 있으며, 진술인이 고소인의 통지를 받은 후, ○○○○측에 문의, ○○○○측으로 부터 고소인과 적극 원만한 해결의사를 확인한 사실 등을 고지한 바 있습니다(증제10호증 답변공문 참조)

(4) 결어

진술인은 위에서 언급한 바와 같이, 현재까지 단 한번 도 본건 음원에 대하여 불법적으로 음원을 사용한 사실이 없으며, ○○○○경부터 현재까지 ○○ 및 ○○○○ 등과 적법한 계약을 체결하고, 여러 음원을 공급받아 이용자들에게 서비스를 제공하여 왔습니다.

더욱이 본건 고소 건을 제외한 그 어떠한 음원에 대하여 저작권 내지 기타 권리를 침해하였음을 이유로 고소나 소송을 제기 받은 사실 또한 전무하며, 본건 음원에 대하여 현재 일체의 사용을 하지 않고 있습니다.

진술인은 현재까지도 본건 음원의 공급권한(저작권 및 저작인접권 등)은 진술인이 음원공급 계약을 체결한 계약당사자에게 있다고 판단하였으며, 그와 같은 판단과 계약에 의하여 진술인은 음원공급자에게 수익을 배분하여 왔습니다.

만일, 진술인이 본건 음원에 대한 제 권한이 고소인에게 있었다면 당연 고소인과 계약을 체결하여 음원을 공급받았을 것이며, 더 나아가 계약이 성립되지 아니할 경우, 해당 음원을 서비스 범주에서 제외하였을 것입니다. 실제 본건 음원의 서비스에 의해 발생된 수익은 극히 저조하였으며, 이에 대한 실 사례로 제6차 음원공급 계약의 경우 3개월간 발생된 모든 수익을 음원공급자인 ○○○○에게 귀속케 한 점을 보더라도 쉽게 확인할 수 있을 것입니다. 또한 진술인은 진술인이 서비스하는 공간이나 시장이 폐쇄적이거나 은폐된 시장이 아닌 온라인 즉 누구나 쉽게 접근하거나 이용할 수 있는 대상임에도 불구하고, 수년간 음원 서비스를 하고 있었음에도 불구하고 고소인 내지 그 누구도 음원의 불법적 사용이나 저작권 침해 등을 주장한 사실이 없으며, 이와 같은 제반 상황을 감안하여 보더라도 진술인이 고의로 본건 음원에 대한 불법적 사용이나 고소인의 권리를 침해할 고의나 과실이 없음은 너무나도 당연한 결과라 할 것입니다.

이에 진술인은 본건에 대한 조속한 해결을 통하여 일상의 업에 충실할 수 있도록 선처를 바라며, 추후 고소인을 포함, 그 누구의 권한이나 권리를 침해하지 아니할 것을 본 진술서를 빌어 굳건한 의지를 표하고자 합니다.

2.소명자료 및 첨부서류

(1) 진술인에 대한 법인등기사항전부증명서   1부

(2) 각 공급계약서   3통

(3) 답변공문   1부

○○○○ 년 ○○ 월 ○○ 일

위 진술인 : ○ ○ ○   (인)

청주지방검찰청 ○○○검사 귀중

▣ 편 저 대한법률콘텐츠연구회 ▣

(연구회 발행도서)

· 불송치결정 이의신청서 재수사요청
· 공소장 공소사실 의견서 작성방법
· 불기소처분 고등법원 재정신청서 작성방법
· 청구취지 원인변경 소의 변경 보충·정정 작성방법
· 청구이의의 소 강제집행정지 제3자이의의 소
· 음주운전 공무집행방해 의견서 작성방법
· 불기소처분 고등법원 재정신청서 작성방법
· 불법행위 손해배상 위자료 청구

피해자·피고소인·피의자·목격자·참고인 진술서 지침서

경찰서 진술서 작성방법

2024년 06월 20일 인쇄
2024년 06월 25일 발행

편 저 대한법률콘텐츠연구회
발행인 김현호
발행처 법문북스
공급처 법률미디어

주소 서울 구로구 경인로 54길4(구로동 636-62)
전화 02)2636-2911~2, 팩스 02)2636-3012

홈페이지 www.lawb.co.kr
페이스북 www.facebook.com/bummun3011
인스타그램 www.instagram.com/bummun3011
네이버 블로그 blog.naver.com/bubmunk

등록일자 1979년 8월 27일
등록번호 제5-22호

ISBN 979-11-93350-53-9 (13360)

정가 28,000원